企業永続の「ヒミツ」。

ブランド STORY

関野吉記
株式会社イマジナ　代表取締役

プレジデント社

はじめに

あなたは、ご自身の会社が、いつまで存続できると考えていますか？　社会、経済、環境、生活……といったあらゆるものが、とてつもないスピードで変わっていく現代、企業を経営する、または会社を支える立場である方々は、「一寸先は闇」と考えるべきだといえます。たとえばこの瞬間、人々の心を強烈にとらえている商品であっても、あっという間に似たようなものが次々と登場してくる……、そして、商品の機能や特性に根差した優位性もまたたく間に失われていく……という時代です。その苦境をくぐり抜けて、長くお客様に選ばれる商品となれるかどうかは、機能や特性などに頼らない付加価値を提供できるかどうかにかかっています。

それこそが、「ブランド」です。そして、それをつくり上げるための「ブランディング」に心血を注がない企業は必ず淘汰されていくと、私は本気で思っています。

しかし、カタチのないブランドというものを人に伝えるには、その基盤となる「ストーリー」が大切になります。誰にも真似ができないほどのこだわりや、唯一無二のサプライズがある独自性、手に入れることがステータスと思えるほどの貴重性など、商品やサービスがまとっている付加価値という透明な衣を、より多くのお客様に認識して「共感」してもらうには、「なるほど!」と思える物語づくりが欠かせないのです。これが本書のテーマとなる「ブランドストーリー」です。

これは商品に限ったことではありません。自社が数ある会社の中から選ばれる企業であるためには、企業理念や企業フィロソフィーといった「想い」や「考え方」をステークホルダーに伝えていく必要があります。このときもそれを推し進める、「伝える力」「共感を生み出す力」となるのは、ブランドストーリーなのです。

また、企業が価値を生み出し続けるには、優秀な人材が必要となります。しかし、人材不足が叫ばれる今、優秀な人材ほど確保するのは難しいのが現実といえます。だからこそ、共感という人を惹きつける強い力＝ブランドストーリーを活用すべきなのです。

ただし、ブランディングには時間がかかります。どれほど秀逸なブランドストーリーがあったとしても、「そうだね」と共感を得て、ステークホルダーの中に浸透、定着するまでには年単位の時間が必要です。そして、ブランディングに取り組んだからといって、すぐ、良くなるなどということは決してありません。裏を返せば、今すぐにでも取り組みはじめなければ、あなたの会社は手遅れになります。気づいたときには倒産……ということさえあり得るのです。なぜ、これほど力を込めて語っているのか、本書を読めばご理解いただけると思います。

ブランディングとブランドストーリー。これが、あなたの会社の絶対的な付加価値を生み出し、企業存続の切り札となり、輝かしい栄光の未来を手にするのに役立つのです。それを今、実感いただければ幸いです。

関野吉記

Contents

Chapter 1

Chapter 2

企業100年計画の基礎の基礎。これを知らなければ進めない……

Contents

Chapter 3

経営者であるあなたの判断が、会社の運命を左右する……

「ブランディング」実践のススメ! 094

Contents

Chapter 4

Contents

プロローグ

ブランドストーリーが会社を救う！

ステークホルダーの「いいね！」が目的

ブランドという言葉を耳にしたとき、多くの人がどこかの社名や商品をイメージすると思います。スマホやパソコンならAppleかもしれませんし、バッグならルイ・ヴィトンでしょうか。間違いなくいえることは、今、あなたの頭に浮かんだ会社は、ブランディングに成功している会社だということです。言い換えれば、あなたにポジティブなイメージを持たせることに成功している会社です。

ポジティブなイメージとは、「スポーツシューズを買うならNIKEしか考えられない」といった信仰ともいえるような強

Prologue

い支持から、どちらを買うか迷ったときの決め手、「ベンツ＝高級車、成功者が乗る車」といった連想、漠然とした親しみや好感などのゆるい支持まで、すべてを含んだ前向きなものを指しています。

企業にとって、お客様にポジティブなイメージを持ってもらうことは強力な武器になります。だから、ブランディングが注目されているのです。武器になる理由については、これから詳しく説明していきますが、ブランディングとは何かという話になると、3C分析やらSWOT分析、コードなど、すぐに難しい言葉が出てきて、よくわからないという人も多いのではないでしょうか。

ですが、難しく考えることはありません。ブランディングを突き詰めれば、「ステークホルダーにポジティブなイメージを持ってもらうための活動」ということに尽きるからです。ステークホルダーに「いいね！」と共感してもらい、数ある企業、商品、サービスの中から選んでもらうために行うことすべてがブランディングだと考えてください。社是や行動指針、ロゴ、デザイン、メディアを通じた広報活動、研修、人事制度などすべてです。

人は、ストーリーに心を動かす

では、ブランディングにおいて大切なことは何か？　それは、「ブランドストーリー」です。人が感動したり、興味を持ったり、共感したりするとき、そこには必ずストーリーがあるからです。

たとえば、「オリンピックで金メダルを獲った」とだけ言われるよりも、「大会前に病気を患い、一時は出場すら危ぶまれたけれど、わが子に金メダルを獲る父の姿を見せたいと奮起し、つらい治療と練習の二重苦に耐え抜いた末の金メダルだった」と語られたほうが心を動かされます。

２０１８年夏の甲子園で金足農業高校のピッチャーが話題に

なったのも、プロ野球のスカウトが認める実力者というだけでなく、背景に公立高校であり、県予選から一人で投げ抜いてきたというストーリーが大きく影響していたことは間違いありません。

商売も同じです。「おいしい魚だよ」と言われるより、「今朝築地から届いたばかりの新鮮な魚で、脂の乗りも最高だよ」と言われたほうが買う気になりますよね。こういったモノ、コトの背景にある物語こそが、人をその気にさせるのです。

ストーリーは、言葉による表現だけではありません。世界的なホテル・チェーンであるザ・リッツ・カールトンは、香りにこだわり、それを売りにしています。ホテルであれば、居室内の設備や食事、行き届いたサービスなどをアピールするのが普通でしょう。しかし、あえて優先度の低い「香り」へのこだわりをアピールすることで、「香りにまでこだわっているなら、設備やサービスにも相当なこだわりがあるはずだ」というストーリーをつくり出すことに成功しています。

このようにブランディングにおいて、ストーリーをつくることと、ストーリー化することは、とても重要なのです。

一つでも該当したら要注意

どのような企業も自社の成長や事業の成功を目指して試行錯誤を繰り返し、できうる限りの努力を重ねているはずです。しかし、それでも順調に企業経営が運ぶとは限りません。むしろ、うまくいかずに、さまざまな悩みや課題を抱えている企業のほうが圧倒的に多いはずです。

そこで、まずは企業が抱えがちな悩みや課題を列挙したので、自社の状況として思い当たるものがあるかチェックしてみてください。

《**事業**》

□良い商品をつくっているのに、思うように売れない

□最近、売り上げが伸び悩んでいる

□リピート購入の割合が非常に低い

□営業する人によって、お客様に説明する内容に大きなバラつきがある

□自社や商品・サービスの強みをお客様にアピールできない社員が多い

□理念と商品・サービスに一貫性がない

□お客様が自社や商品・サービスをどのように思っているかがわからない

□自社ホームページや会社案内を何年も更新していない

《**人材**》

□人材を募集しても、優秀な人材が採用できていない

□ 離職率が高い
□ 自分の評価に不満を抱いている社員が多い
□ 成長実感のある社員が少ない
□ 会社の将来性に関心のある社員が少ない
□ 家族や友人に自分の会社を自慢したいと考える社員が少ない

《組織》

□ 企業理念が社員に浸透していない
□ 行動指針が浸透しておらず、実践できていない
□ 上司と部下のコミュニケーションが不十分
□ 経営戦略・経営判断がワンマン社長に依存している
□ CSR（社会貢献）活動に対する社員の理解度が低い
□ 社内活動へのモチベーションが低い
□ 次世代を担う幹部が育成できていない

いくつチェックマークがつきましたか？　一つもないのであれば、あなたの会社の未来は明るく、順調に成長していくことが約束されたようなものです。しかし、一つでもチェックマークがついたのなら、その原因はブランドストーリーづくりの不備にあるかもしれません。

「ブランドストーリーと、人材や組織に何の関係があるのか？」

そう思った人もいるでしょう。でも、ブランドを伝えるべきステークホルダーには、お客様や取引先、協力会社などの外部関係者だけでなく、社員も含まれます。

事業を動かすのも、商品・サービスをお客様に売るのも社員なのですから当然です。社員をおろそかにして企業成長などあり得ません。

その理解を深めるためにも、Ｃｈａｐｔｅｒ１では、さまざまなケースを紹介しながら、事業、人材、組織においてブランドストーリーが武器になる理由を説明していきましょう。

Chapter 1

「ブランドストーリー」の秘密

99%のトップが知らない
企業存続のための最後の一手……

企業の未来を大きく左右するブランド。
付加価値が事業成功の
鍵となる現在、
ブランドの力を無視した企業経営などは
もはや、企業存続を
あきらめることと同義である。
ブランドは、世の中に
広く知られてこそ意味があり、
その浸透策こそが、
「ブランドストーリー」といえる。

「モノを売る、モノを買う」、その原理原則ここにあり

消費者をその気にさせるブランドストーリー

同じようなデザイン、素材、価格の服AとBを目の前に置かれて、「どちらかを選んでください」と言われたとします。あなたは、どうしますか？　何となく気になったほうを選ぶことはできるでしょう。でも、選んだ理由を明確に答えてくださいと言われたら、困ってしまうと思います。なぜなら、両者の差別化が難しいからです。

では、Aの服は「この道30年のベテラン職人が丁寧に縫製しているので、縫い目がほつれることがなく、丈夫で長持ちする」と聞いたらいかがでしょうか。それならほとんどの人がAを選ぶはずですし、選んだ理由も明確に答えられます。

「そんなの当たり前だ」という声が聞こえてきそうですね。

では、先ほどお話しした魚の例を思い出してください。今晩は生姜焼きでもつくろうとお肉屋へ向かう途中、通りかかった魚屋さんで、あのように誘われたら、つい買ってしまいませんか？

普段、強く意識していませんが、自分の購買行動をあらためて振り返ってみると、モノを買う決断をするとき、そこには往々にして「自分をその気にさせたストーリー」があることに気づくはずです。

言い換えれば、その気にさせるストーリーをつくることが、モノを売る鉄則だといえるわけです。

差別化が難しい時代にこそ、力を発揮する

現在は経済的に成熟し、情報技術が進んだおかげで、日常生活はとても便利に、快適になっています。しかし、モノやサービスを提供する企業にとっては、機能や技術力だけで他社製品やサービスとの間に差をつ

けることが非常に難しい時代でもあります。

量販店にズラリと並んだテレビを見ても、同じような価格帯のものであれば、画質をはじめメーカーごとの差などほとんどわかりません。よほど突出した技術を開発したり、アイデアをひねり出したりできなければ、他社の製品・サービスに大きく水をあけることは至難の業なのです。

しかも、情報はすぐに広がり真似されてしまうため、先行者としてのアドバンテージも長くは続かないのが現実です。このような市場環境だからこそ、消費者に良いイメージを持ってもらうことで、購買意欲を刺激できるブランドストーリーが絶大な効果を発揮するわけです。

ただし、消費者の心をとらえるためには、〝魅力的な〟ブランドストーリーでなければ意味がありません。価格よりも品質や機能性を重視する相手に、「いかに中間マージンを削減して低価格を実現したか」というストーリーをアピールしても、それほど購買意欲を刺激することはできないでしょう。それでは、魅力的なブランドストーリーとは、どのようなものをいうのでしょうか？

POINT

その気にさせるストーリーが、モノを売る鉄則である！

お客様と社員を活性化させる「共感」を生み出す装置……

共感がステークホルダーをポジティブにする

ブランドストーリーは、ステークホルダーにポジティブなイメージを持ってもらうための手段です。実は、この「ポジティブなイメージを持ってもらう」というところがポイントです。モノを売り込みたい場合、事実に基づいて、知ってほしいことやアピールしたい特徴を伝えようと努力するものです。この行為自体は何ら間違っていないのですが、伝えた結果、相手がどのようなイメージを持ったかが重要なのです。

たとえば、「おいしい野菜ジュースです」と勧められても、味覚は主観的なもので、飲んでみなければ自分にとっておいしいかどうかはわかりません。これだけでは判断がつかず、良いイメージを持つにはイマイチ決め手に欠けるでしょう。のどが渇いていれば別ですが、そうでないなら購入してまで飲んでみようとは思わないはずです。

でも、「オリンピックの金メダリストが小さい頃から好んで飲み続けていた」という事実に着目してストーリーを構築すればどうでしょうか。「金メダルを獲る人が飲み続けてきたのなら健康に良いだろうし、もしかしたら今よりも強靭な身体を手に入れられるかもしれない。それに子供が好んで飲むならマズイはずはないだろう」などとイメージして「一度くらい飲んでみるか」と考えても不思議はないはずです。

このように、事実を魅力的にストーリー化することで、ステークホルダーに対して自分たちの商品やサービス、大切にしている想いや考え方を伝え、「共感してもらう」ことがブランドストーリーのキモであり、魅力的なブランドストーリーだといえます。

「共感」は、ステークホルダーのポジティブな活動を引き出してくれるのです。消費者であれば、購買意欲が上がるでしょうし、取引先であれば付き合うことにメリットを感じて、それまで以上に良好な関係を構築することができます。社員の共感を得られれば、仕事に対するモチベーションが上がり、日々の生産性も向上するはずです。

強い記憶が優先度を上げる

魅力的なブランドストーリーには、相手の記憶に残りやすいという利点もあります。少し話がそれますが、童謡『ウサギとカメ』から得られる教訓は何ですかと聞かれたとき、多くの人が「油断大敵」とか「着実にコツコツ行うことが大切」などと答えられるはずです。子供のときに読んだり聞いたりしただけであったとしても、です。理由は、物語になっているからです。箇条書きで「油断すると痛い目にあう」とだけ書かれていても記憶に残りにくいですが、ゴールの手前でウサギが昼寝をしてしまい、その間にカメが追い抜いたという物語であれば、理解しやすく、前後の話のつながりから記憶にも残りやすくなります。

同じことがブランドストーリーにもいえます。たとえば、膝の痛みをやわらげる物質名を前面に出してアピールするよりも、「開発者が親の膝の痛みを何とかしてあげたいと強く思い、研究に打ち込んだ結果、誕生した商品で、使用し続けている親は今では元気にゲートボールを楽しんでいる」とストーリーにしてアピールしたほうが覚えてもらいやすくなります。魅力的なブランドストーリーによって、良いイメージを強く記憶に残すことができれば、相手の中で優先順位が高くなる効果も期待できます。数ある競合商品の中で真っ先に思い出してもらえる。

これこそブランディングの目的の一つだといえるでしょう。

POINT

魅力的なブランドストーリーが、「共感」を生み出す！

営業下手が、みるみる変わる「真の力」が手に入る？

一 誰でも魅力を伝えられる魔法の言葉

どこの会社にも営業トークの得意な社員はいるものです。

そういう人は、あまり関心がなく買うつもりのなかったお客様であっても会話の中で相手の興味を引き出す糸口をつかみ、言葉巧みにその気にさせてしまいます。ちょっと値段が高いと二の足を踏んでいたお客様の背中を押して決断させることもできます。当然、営業成績もよく、会社にとっては非常にありがたい存在といえます。

その一方で、営業トークが下手な社員もいます。商品の魅力を整理して把握することはできるのですが、いざ説明しようとすると、うまくポイントを伝えられず、もどかしい思いをしている……、そんな社員は少なくないはずです。

小さい頃からグループ・ディスカッションやディベートなどに慣れ親しんでいる欧米人に比べて、日本人は自分の想いや考えを人に伝える訓練を学校教育であまり行ってはいません。

そのため、人に伝える技術は個人差が大きく、苦手な人はうまくいかなかったネガティブな体験によって苦手意識を強めてしまい、ますます話せなくなるという悪循環に陥りがちです。

でも、相手に良いイメージを持ってもらえるブランドストーリーがあったらどうでしょうか?

営業トークの苦手な社員でも、商品の魅力を的確に相手に伝えることができます。

また、「伝わった」という事実が、その社員の自信を深め、伝えることへの積極性を引き出してくれるはずです。

このような前向きさは相手にも伝わりますから「聞こう」という気持ちにさせ、共感が生まれやすくなります。

つまり、ブランドストーリーによって、ブランドをお客様に浸透させていくことは、自社や商品・サービスのファンを増やしていくことにつなげやすいという利点があるのです。

クチコミに最適なブランドストーリー

営業トークの上手な人は、自分の目の前にいる人を口説こうと、その人の関心事を上手にくみ取りながら、しっかりとしたトークを構成していきます。そのため、相手によって変幻自在にトーク内容を変えていくこともできるのです。

しかし、話を聞いてその気になったお客様が商品の魅力を他の人に伝えようとしても、トーク上手な営業員と同程度の話力がなければ、うまく伝えることは難しいでしょう。営業トークの上手な社員の話力は個人のスキルに依存する部分が大きいので、再現性、汎用性がどうしても低くなってしまうからです。

その点、ブランドストーリーであれば、個人の話力は関係ありません。記憶に残りやすく、また、変幻自在な話力もたいして必要としないため、クチコミなどでファンがファンを生み出す状況をつくりやすいといえます。

ビジネスでは、現場の担当者と決裁権者が異なることなど珍らしくありませんが、そんな場合でもブランドストーリーは効果的です。

現場担当者が、決裁権者に商品の魅力を説明する際、自分が共感したブランドストーリーを話すことで的確に伝えることができるからです。

POINT

ブランドストーリーは
クチコミで広がりやすい！

目指せ、「脱・価格競争」。その実現のキーワードが……

ブランドは低価格に代わる付加価値

現代は、機能や技術による差別化が難しいという話をしました。そのため、企業は涙ぐましい努力を重ねて無駄なコストを削減し、価格を下げることでライバルに差をつけようとしてきました。そのおかげで、経営はかなりスリム化され、効率化が進んだのも間違いありません。

その一方で、過度な価格競争は、物価の持続的な下落をまねき、デフレーションを引き起こします。実際、日本では長年デフレが続き、昨今、景気が持ち直してきたといわれながらも、なかなかインフレ率が上がらない状況が続いています。この背景には、消費者の間に低価格志向が根強く定着しているからだと指摘する専門家もいます。

しかし、価格競争には限界があります。どこまで価格を下げられるかは、企業の体力次第なので、中小企業には非常に厳しい時代だといえます。大企業であっても、このままではいつ行き詰まっても不思議ではありません。ひたすらコストを削って価格を抑える戦略は、働いている社員のモチベーションまでも下げてしまう危険をはらんでいます。

五感で感じられるすべてがブランドに関係

では、価格競争から抜け出すには、どうすればいいのでしょうか？その答えの一つといえるのが、ブランドです。なぜならブランドが、低価格に代わる付加価値になるからです。

たとえば、ルイ・ヴィトンのバッグやトランクなどが高額であっても売れるのはどうしてでしょうか。それは、消費者がルイ・ヴィトンというブランドに価値を見出しているからです。沈没したタイタニック号から引き揚げられたルイ・ヴィトンのトランクには一切水が入っていなかった、コピー商品の多さに頭を悩ました末に職人が一つひとつ描き上げるモノグラムが誕生した、といったさまざまな伝説や逸話から想起されるこだわりや品質の高さに、お金を払ってもいいと考えるからです。そのため、ルイ・ヴィトンを製造している職人が、まったく同じ素材、同じ製法で完成させたバッグであっても無名ブランドでは同等の価格では売れません。松阪牛なら100グラム数千円であっても払おうと思うのは、均一な霜降りや溶けるような舌ざわり、極上の味を長年守り続けることで、松阪牛がブランドとして確立されているからです。

このようにブランドとは、カタチや品質、味、機能など商品そのものに関する要素だけでカタチづくられるものではありません。ロゴマークや包装紙、販売員の接客態度、商品ができあがるまでの物語や歴史、商品が与える信頼感や安心感など、五感で感じられるものすべてが複雑にからみあってつくり上げられていきます。

そのため、どの要素を、どのように組み合わせてブランドストーリーを構築するかが、重要な鍵になります。

POINT

価格競争からの離脱。人は付加価値にお金を払う！

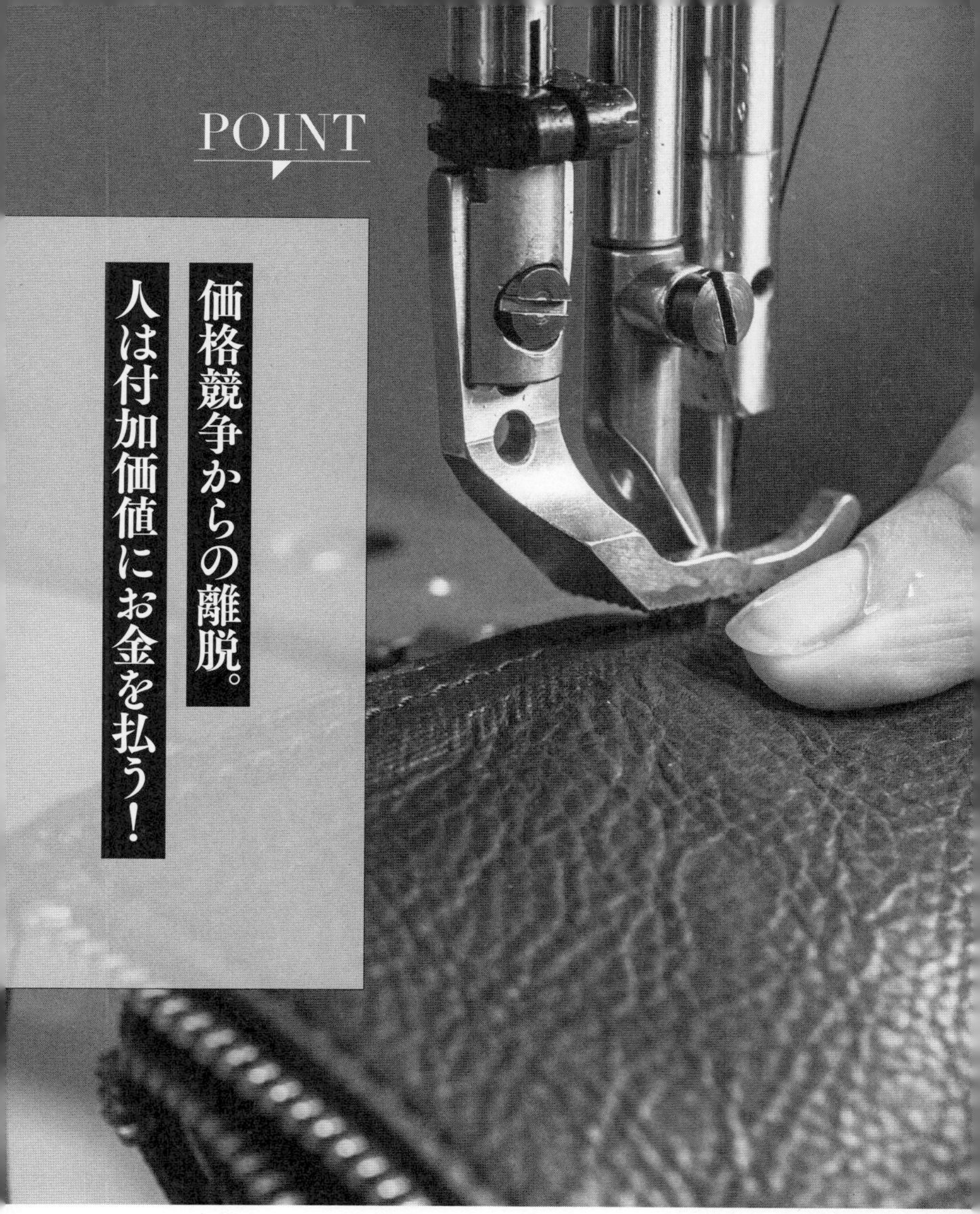

目指せ、「脱・価格競争」。その実現のキーワードが……

いいストーリー、悪いストーリー。信頼を勝ち取るには？

理念やイズムとストーリーの一貫性が重要

ブランドストーリーは、相手にポジティブなイメージを持ってもらう活動だと繰り返し述べています。

ただし、ポジティブなイメージにつながるからといって、ストーリーに嘘を盛り込んでいいわけではありません。当たり前ですね。明らかな嘘でなくても、商談の場で相手に調子を合わせるため、その場限りのストーリーを話すのもNGです。

会うたびに話す内容が微妙に変わるような不誠実さは、マイナスでしかありません。一時しのぎのつくり話など、そのうち必ずバレてしまいます。営業担当者の一挙手一投足には自社ブランドを貶める可能性も秘められていると自覚するべきです。

では、いいストーリーとは何か。それは、相手をその気にさせるだけでなく、会社が大切にしているイズム（主義や主張）との間にズレがないことです。会社の規模に関係なく、現在まで成長を続けてきた企業には必ず「成長できた理由」、つまり、「イズム」が存在します。そのイズムとブランドストーリーとの間にズレがあるということは、企業成長の原動力である「強み」をブランディングに活かせていないことになります。それは非常にもったいないことです。

筋が通ったブレのないストーリーを

たとえば、サントリーという会社は、ブレのないブランディングを実践している好例といえるでしょう。

「日本で、日本の風土、日本人の味覚に合った本格的なウイスキー」をつくろうと、日本で初めてモルトウイスキーの蒸留所を創設したサントリーは、以来、水と自然の恵みを大切にしながらウイスキーやビール、ワイン、清涼飲料水など、幅広い商品を提供し続けています。

このサントリーが2005年に発表したコーポレートメッセージが、「水と生きるSUNTORY」です。

くみ上げた清らかな地下水をウイスキーづくりに使用していることや、水源地の場所にこだわり、その地名をそのまま商品名にした「南アルプスの天然水」など、同社の水に対する強いこだわりは広く認知されています。

また、地下水を育む森や動植物を守るためにさまざまな活動を行うなど、社会貢献活動も「水・自然」というテーマで貫かれています。そもそも同社のコーポレートカラーが「ウォーターブルー」であり、コーポレートサイトなど、広報媒体や販促物にも基調色として、この色がふんだんに使用されているのです。

ここまで筋が一本通っていれば、同社が水や自然をいかに大切に考えているか、消費者もごく自然に理解できます。自然環境の大切さを感じている人なら同社の考え方に共感を覚えるはずです。

しかし、もしも同社のように自然を大切にするというメッセージを発信している企業が、その一方で森林を伐採してリゾート開発などにも手を染めていたらいかがでしょうか。発信しているメッセージは白々しく感じられることでしょう。

ブランドとは、特定の商品やサービスで完結しているものではなく、企業活動のすべてに関わるものであり、その発信手段であるブランドストーリーにもブレがあってはならないのです。

POINT

うわべだけのストーリーは、あらゆる面で信頼を失う！

ズレのない統一感で、仕事への「誇り」を生み出す

「誇り」は仕事のエネルギー源

企業理念から販促戦略までズレのない一貫したブランドストーリーは、社外にポジティブなイメージをもたらすだけではありません。社員にとっても自分が働く会社や仕事、商品・サービスに誇りを持ちやすくなるというメリットがあります。

自分の仕事に誇りを持てれば、モチベーションは高くなり、一生懸命商品の良さをお客様に伝えようと努力します。誇りを感じているものを他人から褒められたり、評価されたりすると、わがことのように嬉しいものですから、モチベーションはより一層高まります。もっと多くの商品を売りたいという欲求も生まれますし、そのために知識やノウハウを

貪欲に吸収して成長しようと考えるようになるかもしれません。このような好循環を生み出せれば、事業は順調に伸びていくはずです。

では、自社に誇りを持つには何が必要なのでしょうか。自信を持ってお客様に薦められる商品の存在もそうでしょう。自社の存在意義や事業の社会的意義を感じられることも誇りにつながるはずです。理念やビジョンとして掲げられた会社の将来像を、わがことのように思えることも大切な要素だといえます。

「誇り」の持てる理念はありますか？

いずれの場合も、会社が発信しているメッセージや方向性を社員が正しく理解していることが前提となります。そのうえで、会社が示す考え方に共感し会社と同じ方向を向いたとき、社員は一体感を覚え、「この会社で自分がしていること」に誇りを持てるようになるのです。このことを理解できていれば、統一感のないブランドストーリーが、どれほど社員の誇りを傷つけるか、容易に想像できるはずです。

しかし、社員が共感できる理念やビジョンをつくれている企業がどれほどあるでしょうか。そのほとんどは、「どこかで聞いたことがある」ようなありふれた言葉の羅列で終わっていないでしょうか。ありふれた言葉は、聞きなれているために覚えやすいかもしれませんが、その裏側に隠されたイズムまで物語るストーリーがなければ、社員の心に刺さりにくく、記憶にも残りません。

仮にイズムに根差した理念を構築できている会社であったとしても、伝えるべきポイントを社員に的確に伝えられているところはほとんどないのではないでしょうか。あなたの会社の社員は、企業理念に込められた思いや考え方を正確に説明できますか？　社員の間に浸透していない理念など、どれほど立派なものであっても絵に描いた餅であって、企業経営においてプラスにはなりません。だからこそ、社員が誤解することなく、会社が大切にしてきたイズムの理解を促進してくれるブランドストーリーが重要になってくるわけです。

POINT

社員が誇りを持てば、モチベーションが上がる！

納得感アップで、優秀社員の「定着率」を上げる

成長実感こそが定着率向上の鍵

企業の働きやすさを図る指標の一つとして「定着率」があります。これは入社した人のうち一定期間後に辞めずに残っている人の割合です。1年後に集計するか、3年後に集計するかは調査機関によって異なりますが、おおむね大企業に比べて中小企業のほうが低いのが現状です。

ただでさえ人材の確保が難しい昨今、せっかく採用した人には少しでも長く働き続けてほしいのが企業の本音でしょう。社員をつなぎ留めるために、各社はいろいろと腐心しているようです。中小企業庁の委託によって野村総合研究所が調査したデータによると、企業側が定着に有効だと考える施策の上位は、賃金の向上や休暇制度の徹底、労働時間の見

直しなど、労働環境の改善に関するものが多くを占めていました。

しかし、社員が考える人材定着に有効な取り組みは、少し傾向が異なります。もっとも多くの支持を集めた「興味にあった仕事・責任のある仕事の割当」は企業側が考える取り組みでも2番目にあがっていましたが、そのほかにも資格取得支援、技術やノウハウの見える化など、自身の成長につながる項目が上位に数多く入っていたのです。一方、定着促進施策として企業が真っ先にあげた「賃金の向上」は、9番目という低い結果でした。

自ら考え、決断する機会が大切

このことからも社員が会社に何を求めているのか、その一端を知ることができます。社員にとって重要なのは、その会社であれば、おもしろい仕事ができそうだと思えることであり、その会社で働くことで自分が成長できると実感できるかどうかなのです。私の感覚値ではありますが、この傾向は優秀な人材ほど強いように思います。

では、どんな会社であれば、おもしろく働けると思いますか？　成長できると実感できるでしょうか？

肝心なのは、会社が成長するためにチャレンジを続けているかどうかです。チャレンジするためには、さまざまな人材の知恵を集結させる必要があります。そして、現場に可能な限り権限を与えて、スピード感を持って事業を展開していかなければなりません。

▶就業者から見た、人材定着に関する取り組みの有効性

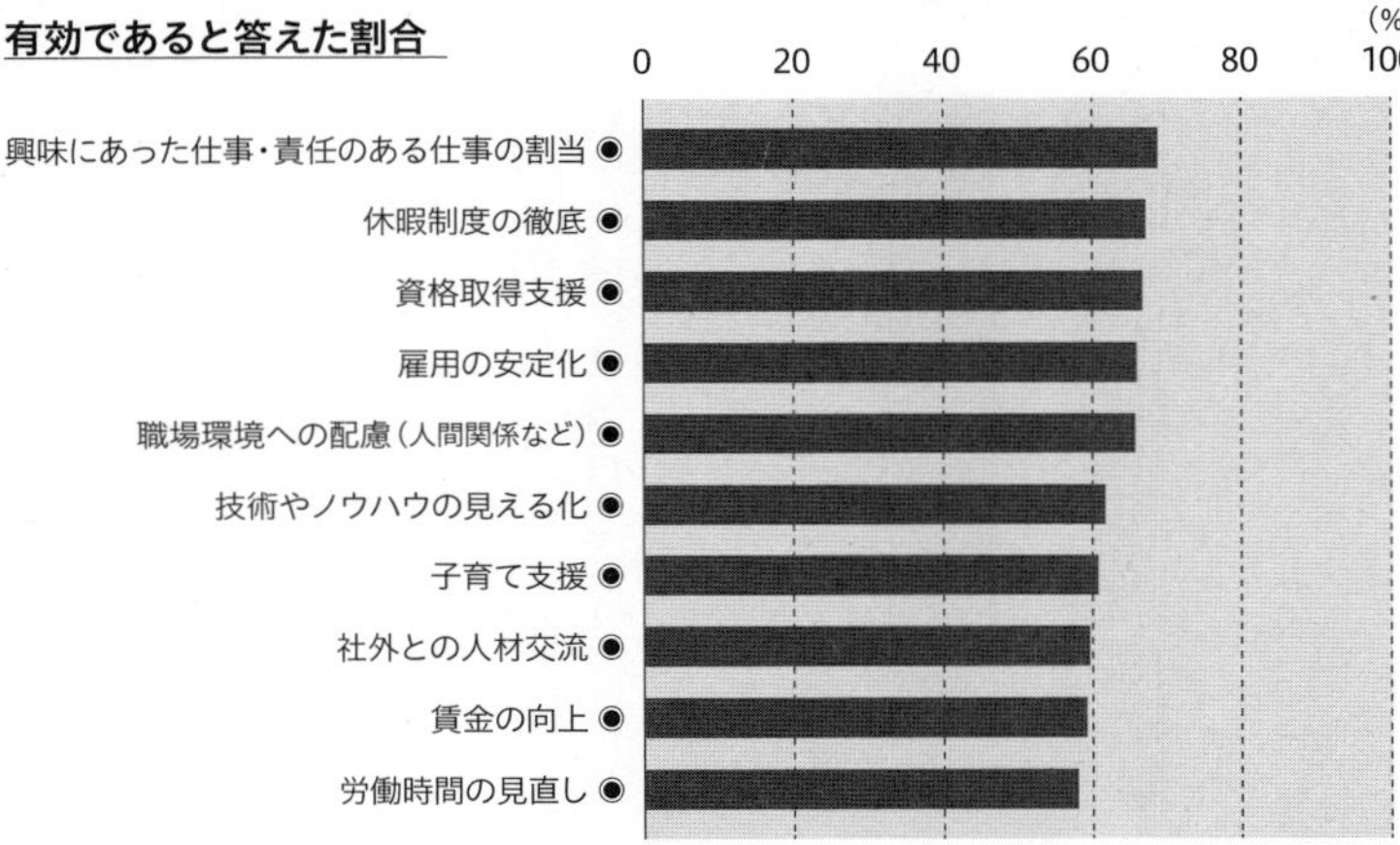

出典：中小企業庁委託『中小企業・小規模事業者の人材確保と育成に関する調査』2014年12月、野村総研

要するに、成長できる会社とは、自分の頭で考える仕事に携わる機会が多い会社だといえます。主体的に仕事に取り組むことで、仕事もおもしろくなっていきます。

しかし、成長できるからといって社員が好き勝手に動いては、企業成長にはつながりません。そこで、イズムに根差した方向性をブランドストーリーで示すことによって、社員のベクトルをそろえ、一体感を醸成しながら社員のやる気を事業成長へと結びつけていくことが大切になります。

POINT

社員の主体性を尊重する企業文化をつくる!

「魅力」をしっかり伝えて、欲しい人材の採用を!

企業理念に共感する人を採用する

もう10年近く採用パンフレットや採用ホームページをつくり直していない……。はっきり言いましょう。そのような会社が良い人材を採用できないのは当たり前です。仕事を探している人にとって、採用パンフレットや採用ホームページは、企業の印象に大きく影響する「顔」のようなものであり、企業としての考え方や目指す方向性を知る情報ツールです。魅力的なもの、目を通したいと思えるものでなければ、素通りされても仕方ありません。

その一方で、良い人材を採用したいがあまり、良く見せようと装飾しすぎたり、求職者受けのいい内容だけで構成したりするのも逆効果といえます。それは入社後に、「こんなはずではなかった」という後悔の原因になるからです。

今の時代、社会人1年生で仕事に関してほとんど固定観念のない新卒ですら、入社前後のイメージギャップから会社を辞めていくことが少なくありません。

ましてや、ある程度の仕事観や自分なりの仕事のスタイルができている中途採用となると、採用時の認識のズレが、その後のとてつもなく大きな致命傷にもなりかねません。人材の採用から育成には1人当たり数百万円というコストがかかることを思えば、また、採用してもらうため企業研究や面接の準備に多くの時間を割いた求職者のことを思えば、お互いにとって不幸でしかないのです。

ありのままを、理解しやすく

採用時に重要なのは、自社が培ってきた魅力を求職者に向けて正しく提示することです。「正しく」とは、「過度な装飾や嘘、偽りを差し挟まずにありのままを相手が理解しやすいカタチで」ということです。

このポイントを間違えず、ブランドストーリーを通じて、企業理念や価値観、ビジョンが社員の間に浸透していれば、あなたの会社の企業理念やビジョンに共感する人が入社してくれます。

求職活動を通じて接する社員たちが、同じ理念や価値観で行動しているのを目の当

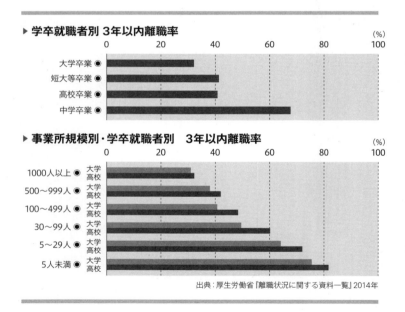

▶ **学卒就職者別 3年以内離職率**

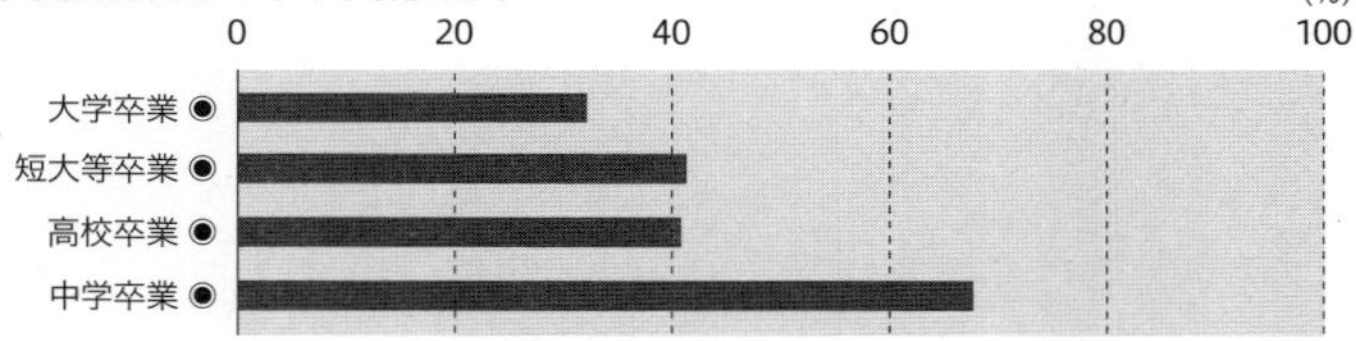

▶ **事業所規模別・学卒就職者別　3年以内離職率**

出典：厚生労働省『離職状況に関する資料一覧』2014年

たりにすれば、求職者も、企業が発信している理念に嘘偽りはないと共感してくれるはずです。そして、その理念に共感する気持ちが強ければ、入社後間もなく辞めていくなどという事態は避けられるはずなのです。

ブランディングによって自社の魅力をわかりやすく訴求できていれば、高い費用をかけて求職メディアを利用しなくても、自社ホームページやパンフレットだけで良い人材は採用できます。今、求職メディアに割いているコストの一部をブランディングに回すだけでも、採用戦略は大きく変わるはずです。

POINT

魅力的なストーリーは、人材の採用にも効く！

いざ、グローバル。世界と戦うための究極の武器

ポイントは、いかに明確に、いかにわかりやすく伝えるか

日本企業が海外へ進出したときに立ちはだかる大きな壁の一つに、「伝える力」があります。日本は、昔から「あ・うん」の呼吸や以心伝心などといって、言葉にしなくても言外の意味を読み取る文化が根づいています。コミュニティの中では、自然と空気を読んで、いさかいや問題が起こらないように動こうとします。これは日本独特の文化、日本人だからこそのなせるワザだといえるでしょう。

この文化自体は素晴らしいものだと思いますが、はっきり言って海外で同じやり方は通用しません。世界に出れば、さまざまな人種や民族がおり、宗教や生活様式、言葉、商習慣も多種多様です。このような人た

ちが一つの国の中で共に生きていくために、互いに自分の考えを主張しながら理解を深め合ってきたという歴史があります。また、子供の頃から学校教育においてディスカッションやディベートを学び、自分の考えを伝える訓練を何年にもわたって受けています。

彼らにとって、重要なこと、主張すべきことは「くみ取ってくれ」などと相手任せにするのではなく、明確に伝えることが当たり前なのです。だから、海外の人に企業理念やビジョンを伝え、価値観を理解してもらうには「わかりやすく」伝える手段が必要です。日本流の細やかなルールを守ってもらうには、企業文化や価値観から伝えて「守る理由や背景」を理解してもらう必要があるのです。

理念や価値観に共感してもらえれば、日本も海外も大きな違いはありません。その会社で働く意味や意義を見出した社員は、モチベーション高く各々のミッションに取り組んでくれることでしょう。海外進出した日本企業の中には、ローカルスタッフが定着しないことに「文化が違うから」とあきらめの声を上げるところがありますが、あきらめる前にわかりやすく伝える努力をしていただきたいのです。そのとき、ブランドストーリーが必ず役に立つはずです。

イズムというコア・バリューを中心に

情報化社会の進展によって、先行者優位の期間はどんどん短くなっています。同時にブランドの価値も常に進化させていかなければ陳腐化し、淘汰されていく時代です。ビジネスが展開していくスピードが国内に比べて圧倒的に速いグローバル市場では、その傾向が一層強いものです。

それは、一つの商品やサービスの力だけでブランドを維持するのは難しいことを意味しています。一つヒット商品が出ても、何の手も講じなければ、あっという間に忘れ去られてしまうでしょう。

もちろん、各々の商品やサービスについて、お客様が利用する価値がどこにあるのかを問い続け、ブラッシュアップを重ねていくことは大切です。しかし、それだけで満足するのではなく、トータルなブランド戦略に力を注ぐことが、より重要だと考えます。トータルなブランド戦略とは、イズムというコア・バリューを中心にして、人事評価制度や職場環境、商品・サービスなどすべてが連動しており、ブランドストーリーにもブレがないことです。すでに触れましたが、技術が進歩し、情報があっという間に広まる現代では、商品・サービスの機能や内容だけで差別化することは難しくなっています。それはグローバル市場も同様であり、だからこそ、目に見えない付加価値を生み出すブランドの力とブランドストーリーに磨きをかけていく必要があるのです。

POINT

ブランドストーリーは、海外ビジネスにも活きる！

頭が痛い「事業承継」問題。そんな悩みもスムーズに

経営者個人に依存した力を会社のものに

日本はファミリービジネスの割合が非常に高く、約95%にもなるそうです。ファミリービジネスとは、創業者一族が会社を所有して経営において実質的な支配権を行使している、いわゆる同族企業のことです。このような会社において、よく見られる傾向が、事業運営から人事評価、社外ネットワーク、営業ノウハウなど「会社の財産」といえるものの多くが経営者個人に依存していることです。特に、創業者が実権を握っている企業は、この傾向が強いように感じます。

創業者が健在で最前線で活動できている間は問題が表面化することはありませんが、事業承継するとなったとき経営者個人に依存している財

産＝人的ネットワークや営業ノウハウなどをどうやって次代へ引き継ぐかが大問題となります。承継にかかる負荷は大きなものになるでしょうし、受け継ぐまでの間、企業成長が停滞するというロスも発生します。

このような事態を回避する方法としては、会社に力をつけるブランディングがあります。「会社の価値を高める企業ブランディング」を行うことで、個人に依存しているものを会社の財産として共有できるものにするわけです。会社に力をつけることができれば、ステークホルダーにファンが増え、自社に好意的なネットワークを構築することができます。自社に対するポジティブなイメージが世の中に浸透することで、採用競争力も向上します。経済産業省と中小企業庁の試算によれば、現状を放置すると、中小企業廃業の急増により、２０２５年頃までの10年間で約６５０万人の雇用と約22兆円のＧＤＰを失う恐れがあるそうです。特に地方の市町村では今後10年で平均引退年齢である70歳を超える経営者が全体の６割以上になるともいわれています。

企業ブランディングとその浸透には年単位の時間が必要なため、もはや時間的猶予は少ないといえます。動くべきは今なのです。

事業承継はリブランディングの好機

事業承継の際、それまでの企業成長を支えてきたコア・バリューやイズムはしっかりと受け継ぐべきです。ただ、コア・バリューやイズムを社内外に浸透させるためのブランドストーリーについては、時代の変化に応じて変えていくべきです。バリューという根は変えずに伝え方、見せ方などをその時代の人の心に響くものへ変えていくということです。

経営者が変わる事業承継は、そのようなリブランディングに取り組む良い機会だと思います。リブランディングによって、あらためて企業の強みや弱点に気づくことができます。社員を巻き込むことで、社員の間にどの程度ブランドが浸透しているのか確認することもできます。

リブランディングを練り、正しい方向へ向かうためには、その道で経験を積んだプロフェッショナルの存在が欠かせないとも考えています。

POINT

「事業承継」実施時は、コア・バリューの再確認を！

Chapter 2

「ブランディング」とは何か？

企業100年計画の基礎の基礎。
これを知らなければ進めない……

そもそもブランディングとは
どのようなものなのか……、
それによって何が変わるのか……。
その基本的な考え方から役割までを
しっかりと理解しておけば、
ブランディングの必要性が把握できる！

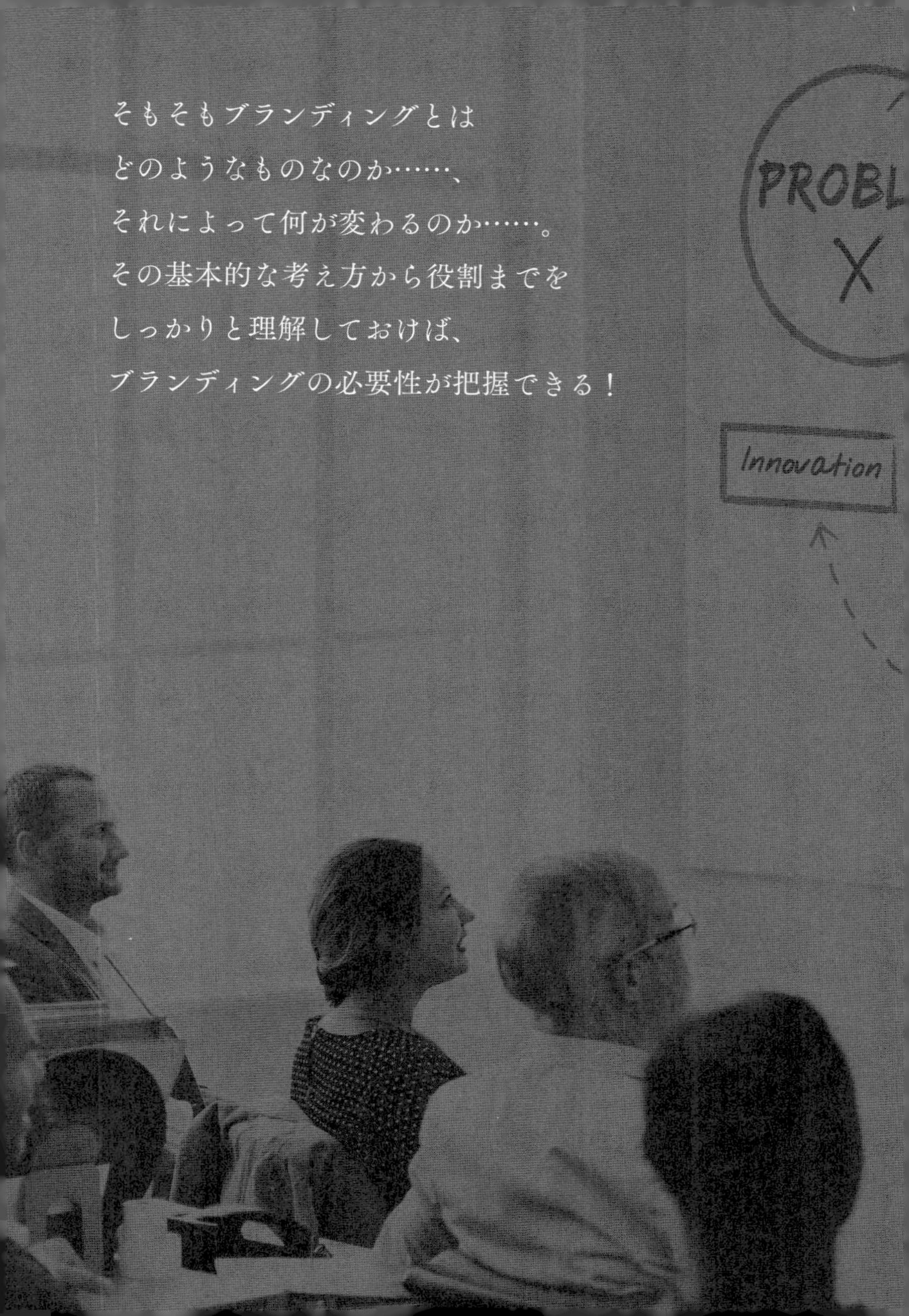

ハートを動かし、「それ、いいね！」と言わせる魔法

相手に共感してもらうのがブランディングのキモ

ブランドは、自社の働きかけによって生み出すもの――。

その通りです。しかし、ブランドの価値を決めるのは発信している会社側ではなく、お客様だということを忘れてはいけません。

「ウチは信用ある会社です……」と自らが発信していくことと、相手に「なるほど、信用できる会社だ……」と認めてもらうことは、まったくの別物だからです。

ですから、自社が大切にしているイズムやコア・バリューなどを、一方的にお客様に伝えるだけでは不十分です。お客様にしっかりと理解してもらい、「それ、いいね！」と共感してもらうことができてこそ、初

めてブランディングに成功したといえます。そして、そのための最良の手段がブランドストーリーだということは、もう理解いただけたと思います。

ただ、ブランディングを語るうえで、忘れてはいけないことがあります。それは、ブランディングには二つの面があるということです。

一つは、「インナーブランディング（社内浸透）」。

もう一つが、「アウターブランディング（社外浸透）」です。

インナーブランディングとは、コア・バリューや理念、イズムなどを社員それぞれに浸透させていく活動であり、社内での理解と実践を促すためのものです。

その浸透施策には、いろいろなものがあります。研修や日々の指導など直接的なものだけでなく、人事評価制度や職場環境づくりなど間接的なもののほか、商品開発の方向性や社会貢献活動など、一見、社外向けであっても、実は社員にも影響を及ぼす施策があります。特に商品開発については、その会社の考え方や価値観が如実に反映されるので注意が必要です。

一方、アウターブランディングとは、社外の人間に対する取り組みです。お客様はもちろん、取引先や協力会社なども対象に含まれます。こちらは主に、広報活動や広告によってブランドの浸透を図っていくことになります。

想像以上に重要なインナーブランディング

この二つのブランディングが両輪となって支えにならないと、ブランドの浸透効果は中途半端なものになってしまいます。いや、場合によっては悪影響を及ぼすことすらあります。

見逃しがちなのがインナーブランディングのほうで、たとえばこれが不十分で会社の方針を理解できていないスタッフが横柄な対応をしていたら、お客様は間違いなく嫌な印象を持つものです。もしかしたら、その一度の印象だけで、その会社や店を使わなくなるかもしれません。

このように、ブランドをカタチづくっているものは、会社につながるすべてのモノやコトが対象です。いくら良いメッセージを発信していても、社員教育が行き届いていなければ、すべてをぶち壊してしまう可能性があるわけです。そして、社員がマニュアルを守ろうと思うかどうかは、その会社で働くことに意味を見出しているかどうかに関わっています。こういった、働く意味や意義を社員に伝える活動がインナーブランディングなのです。こう説明すれば、インナーブランディングをしっかり行うことの重要性がわかっていただけると思います。

POINT

「相手にどう思われるか」を発想の基本にすべきである！

一連の流れに一貫性を持たせて浸透させていく

企業成長の原動力がイズム

企業が成長するには、必ず理由があります。売り上げが数十億円ある企業には数十億円分の、数百億円なら数百億円分の金額をお客様が払うだけの「価値」が必ずあるはずです。

その価値の根っこには、創業以来、脈々と受け継いできたスピリットがあるかもしれません。また、素晴らしい考え方や想いもあるかもしれません。創業者の経営哲学という場合もあるでしょう。そのありようは会社によって異なりますが、この根っここそが、あなたの会社のイズムであり、存在意義なのです。

お客様がお金を払うだけの価値を見出しているわけですから、当然、他社にはない部分が含まれています。言い換えれば、あなたの会社にしかできない武器が潜んでいるはずなのです。

企業理念や企業フィロソフィーとは、これらイズムを社内外に伝えやすくするために言葉にまとめたものです。

ただその際、伝えやすさにこだわりすぎた結果、往々にして「信頼」や「お客様と社員の幸せ」といった、どこにでもあるようなありふれた表現になってしまうことがあります。しかし本来、その裏には、長年築き上げてきた、ひと言では言い尽くせないさまざまな想いが込められているはずです。

イズムが持つ力が色あせないために

企業を発展させるほどの力を秘めているイズムですが、どこにでもある言葉の力だけでは、ステークホルダーの心には響くことはありません。だからこそ、ブランディングが必要であり、秀逸なブランドストーリーを構築する意味があるのです。

ブランディングには、この企業成長の原動力といえるイズムを言語化するところから、ストーリーに仕立ててステークホルダーへ伝えていくまでのすべてが含まれています。

ビジョンやミッションとは、いつまでも変わることのないイズムと、今、自分たちが社会に対して果たすべき役割とをすり合わせてつくるものですし、経営戦略とはビジョンとミッションを達成するための手順書のようなものです。

そして、ビジョンやミッションをお客様にもっとも近い場所で体現しているのが社員ということになります。

この一連の流れに一貫性を持たせて、ステークホルダーの間に浸透するまで途中で投げ出すことなく続けていくことがブランディングです。それは、あなたの会社にしかできない仕事を追求していくことでもあり、イズムが持つ力を発揮できるように、時代の変化に合わせて言語化や伝え方を練っていく努力だともいえます。

POINT

イズムが持つ力を発揮させ、ストーリーで伝え続ける！

社員にとっての判断基準、会社の方向性を指し示す軸に

その価値観に社員は立ち返る

ビジネスでは、日々さまざまな決断の岐路に立たされます。その重要度が高まるほど社員は正しい判断が何なのか迷い、答えにつながるヒントを求めます。そんなとき、イズムに根差した企業理念やフィロソフィーが社内に浸透していれば、社員はその価値観に立ち返ることができます。何を大切にすればいいのか、何を優先すべきなのか……。企業理念には明確に示してありますから、社員はそれを判断基準にすることができるのです。

たとえば、企業がある程度大きくなると、セクションにわかれて事業に取り組むようになります。それに従い、全体最適な発想が難しくな

り自分が所属するセクションを優先してしまう、部分最適な考え方が広がっていきがちです。これが問題の火種になります。

AとBという二つの部署がC社の別々の部門とお付き合いしていたとしましょう。ところが、新たなプロジェクトではC社の複数部門が連携することになり、このままではA部署とB部署でカニバリゼーションが発生してしまう……。このように、同じ会社の部署でありながら利害が対立することは、それほど珍しいことではありません。

しかし、イズムに根差した共通の価値観が浸透していれば、そこを基準に判断をくだすことができます。

お客様の利益を最優先するのか、自社の成長を優先するのか、または別の基準で決めるのか。いずれにしても決断に対する部署同士の対立は最小限に抑えられます。

なぜなら、ブランディングによって会社が目指していく方向性を社員が共有し、同じ方向を向くことができているからです。そして、判断に迷ったとき、みんなが立ち返るべき軸が明確になっているからお互いに説得しやすく、自分自身を納得させやすくもなっていきます。

ブランディングは組織も変える

イズムが会社に浸透していると、組織に柔軟性が生まれます。

企業が成長し続けるには時代の要請に応じて、事業戦略や仕事の仕方を柔軟に変えていかなければなりません。10年前とは、仕事のやり方もスピード感もまったく違ったものになっているのに、10年前と同じやり方をしていては通用するはずがないからです。

当然、変化が求められるわけですが、人というものは慣れ親しんだ現状を変えることに消極的な生き物なので、「変われ」とトップダウンで言われても、どうすればいいかわからなければ、そうそう動けるものではありません。でも、ブランディングによって会社が目指すべき方向性を共有できていれば、話は別です。どう変わればいいのかを考える軸があるので、現状を変えることへのハードルを低くすることができます。

POINT

明確な判断基準は、組織にスピード感を生み出す！

ロゴやデザインだけの変更、これぞ間違ったブランディング

デザイン＝ブランディングという時代は終わった

一昔前、ブランド構築とは、ロゴを刷新したり、デザインを変更したりすることとほぼ同義でした。ブランディングというものが、それほど浸透していなかった時代であれば、それで十分だったかもしれません。ロゴは、そのデザイン性によって企業イメージを視覚的に印象づける効果があるので、差別化の一つの要素になるのは間違いないからです。企業を認知してもらうという意味では効果的だといえます。

しかし、今は違います。

一社独占のビジネスなど、ほぼ存在しません。新しいビジネスが生まれても、すぐに他社が追随してきます。常に競合との熾烈な競争にさら

されるため、社名だけ思い出してもらえても、たいした差別化にはなりません。社名と一緒にポジティブなイメージまで想起してもらえなければ、選ばれないからです。

表面的なブランディングなど無意味

スターバックスコーヒーはこれまでロゴデザインを3回変更しています。ギリシャ神話に登場するセイレーンをモチーフにした基本デザインは変わっていませんが、変更するたびに絵から記号化されたものへと簡素化され、２０１１年から使われているロゴでは、「ＳＴＡＲＢＵＣＫＳ ＣＯＦＦＥＥ」の文字も消えました。

同社ほどブランドが浸透している企業であれば、わざわざロゴを変える必要などないと思うかもしれません。世界中に店舗があり、ロゴが入った備品を数多く使用しているので、ロゴを変えるだけでも莫大な額の投資が必要ですし、ロゴを変えたことで、せっかく築き上げたブランドに悪影響を及ぼす危険性だってあります。実際、2011年の変更では、反対の声もかなりあったようです。

しかし、このロゴ変更後、同社はワインなどのお酒を提供する店舗を出店しています。これは、「サードプレイス＝家庭、職場・学校に次ぐ第三の生活拠点をつくる」というコンセプトに基づいた事業戦略なのでしょう。

ここからは私見になりますが、もし、ロゴに「COFFEE」の文字が残っていたらどうでしょうか。

コーヒーショップという印象が強すぎて新たな事業の浸透を阻害するかもしれません。もう少し言えば、ロゴデザインを変えることで「サードプレイス」というコンセプトを一層推し進めていくという意思表示をしたのかもしれないと思うのです。

このようにブランディングとは、理念や事業戦略などと密接に結びついているもので、ロゴやデザインといった表面的なものだけをいじってどうにかなるといった類いのものではないのです。

POINT

理念と密接に結びついた
ポジティブ・イメージを！

社員の心を打つ！信じられる「ブランド」をつくり上げる

しっかりしたインナーブランディングが鍵

人はどんなに自分を繕おうと思っても、どこかでボロが出るものです。友人に話を合わせようとして、たいして興味もない話題なのに、さも興味があるかのように会話に参加しても、言葉のチョイスや自信なさそうな表情などから、相手にはバレてしまいます。ビジネスも一緒です。商品の性能を信じ切れていない営業が、いくら商品をアピールしても、相手の心を打つことはできません。自信なさそうに話す経営コンサルタントに会社の未来を託そうと思わないのと、まさに一緒です。

人が相手に何かを伝えようとするときは、言葉だけでなく、声のトーンや表情、身振り手振りなどすべてを駆使します。相手もそういったもののすべてを五感で感じとりながら、信頼できる相手か、信用できる話かどうかを見極めようとします。だから、伝えようとする人が心から信じていない限り、相手はどこからか漂う不安や偽りの匂いを感じとってしまうのだと思います。

これはブランディングにも同じことがいえます。企業理念や企業フィロソフィーと事業戦略がズレていたら社員は会社の方針を信じることができません。「社員の幸せを大切にします」と理念で謳っておきながら、毎月残業が200時間を超える会社を信じようとはしないでしょう。女性が働きやすい職場環境づくりに力を入れているはずなのに、女性役員どころか女性管理職すら一人もいないというのでは会社に不信感を抱くはずです。そのような企業の社員が、社外のステークホルダーに対して、自社のポジティブなイメージなど広められるわけはありません。従ってブランディングにおいて最初のターゲットは、社員と考えるべきです。

つまり、ブランディングを成功させていくためには、インナーブランディングを、どれだけしっかりやり遂げるかが非常に重要なのです。

経営者の独りよがりはNG

では、心を打つ企業理念や企業フィロソフィーとは、どういうものなのでしょうか。おそらく、創業当時から掲げてきた企業理念などは、経営者がつくったものがほとんどでしょう。

しかし、それが経営者にしか理解できない言葉になっていないでしょうか。経営者というものは、さまざまな勉強会やセミナーで学んだ知識や、会社を経営していくうえで得た教訓など、社員には想像もつかないほど多くのことを学んでいます。そういったバックボーンがあってはじめてわかる考え方や価値観に基づいてつくられた企業理念では、社員の心に届けるのは難しいでしょう。社員にとっては、社長室に飾ってある言葉といった認識でしかないかもしれません。

企業理念は、イズムをステークホルダーに理解しやすく翻訳したものでなければなりません、ですから、経営者一人の想いではなく、客観的な視点を入れてつくるべきなのです。

POINT

まずは、「社員」に共感してもらう！

10年後、20年後、30年後……、勝ち残るための「投資」とする

常に若い世代のファンを！

かつて一世を風靡した人気企業が時代とともに衰退していく……。私たちが何度も目にしてきたことですが、その理由について考えたことはありますか。時代のニーズとズレてきたから？　資金調達に失敗したから？　次のヒット商品が出なかったから？　要因はいろいろ考えられますが、結局のところ、10年後、20年後を見据えながら戦略を練り、実行してこなかったからではないでしょうか。商品やサービスの需要は一過性のものなので、そんな先まで見通すのは難しいでしょう。しかし、先を見越して人材を採用し、育てることはできます。そして、ブランディングによって社員のモチベーションや仕事への誇りを伸ばすことも、自

社のファンを増やすこともできるはずです。

企業は、常に若い世代のファンを獲得し続けなければなりません。それができなければ、ファンの高齢化とともに企業の寿命も短くなっていきます。若いファンを獲得できるということは若い世代にも響く何かを持っているということです。それは、若い世代の「この会社で仕事をしたい」という動機にもなります。常に次代を見据えてブランディングしていくことが、会社を活性化させていくことになるのです。

未来への投資

サラリーマン社長の中には、「自分が社長をしている5年間くらいなら、このまま好業績が続きそうだから、現状維持でいい」と考えている人もいるでしょう。しかし、そんな考えの会社が10年後、20年後、生き残っていると思いますか？　現在は、ビジネスの進展するスピードが驚くほど速くなっています。これまで10年かけて変化してきたことが、これからは1、2年で変わってしまうかもしれません。ITをはじめとした技術の進歩や生産性向上に対する意識の高まりはビジネスのスピードを根底から変えてしまいました。

このような時代を生き抜くには、会社に力をつけるしかありません。社内においては会社が掲げる方向性にコミットした社員を育て、社外には会社を支持してくれるファンを育てる。それはお客様というだけでなく、「この会社のテイストが好き」「考え方が好き」と絶えず採用の門を叩いてくれる社員予備軍を育てることにもなります。

先ほどスターバックスのロゴ変更の話をしましたが、あれほど巨額の投資ができるのは、将来、勝ち残っていくために必要だと確信しているからです。カタチのないものに投資しようとすると、社内から反発も出るでしょう。「それ、本当に成功するのか」と詰め寄られるかもしれません。ブランディングの効果が出るまでには時間がかかります。しかし、無形資産への投資は未来への投資なのです。この決断のできない会社は、将来、生き残っていくのが難しい時代だと私は考えます。

POINT

近視眼的な企業戦略は、会社を危機にさらす！

「この会社でもっと働く、強く働く!」。その動機づけこそが……

好奇心が仕事への姿勢を変える

好奇心は、人を積極的にさせます。普段おとなしい人が、趣味のこととなると、とたんに積極的になったりします。仕事も同じです。好奇心を持って仕事に取り組んでいる人は、常に、どうすればもっと良くなるのかを考えています。試したいことが思い浮かべば、やらせてもらえないかと何らかのカタチで自分の意見を発信します。

当然、会社組織ですから上司・部下、先輩・後輩などさまざまな関係性があり、遠慮する気持ちも生まれてくるものですが、好奇心は、そのハードルを難なく越えさせてくれます。

好奇心は、やりたい仕事、取り組んでいて楽しい仕事、やることに意義を見出している仕事だから生まれてくるものです。これらは、ブランディングによって生み出すことができるものです。会社の将来性を示し、仕事への誇りを感じさせることで、「それをする意味」を社員が持てれば、会社で力を発揮することの動機づけになるはずです。

成長を促す3条件

人の成長を促すには、その人の能力を少し上回るミッションを与えることだといいます。これは心理学における調査でも実証されている理論のようで、現状、さまざまな人材育成メニューの中にも取り入れられています。この条件であれば、育てたいと思う社員のことをよく知っている直属の上司が、その社員に合った的確なミッションを設定さえすれば、それほど難しいことではないと思います。また、この理論では、「成長」という成果を現実のものとするには、ミッションのレベル設定だけでなく、取り組む本人の「挑戦への意欲」と「目標」も不可欠だとされています。

ただ、これればかりは当人の内面から湧き出るものなので、上司だけの力ではどうしようもないことだといえます。

しかしながら、ブランディングを行うことで、社員の中に挑戦への意欲と目標を植えつけることができます。イズムから導き出した企業理念やフィロソフィー、企業理念と連動したミッションなどは、社員に目指すべき方向性を示すことになります。その方向性に社員が共感していれば、目標実現に向かって、自分ができることに挑戦していこうという意欲が湧くのです。

「ミッションレベル」「目標」「挑戦への意欲」という3条件が整い、成長を実感できた社員は、働くことへの充実感を抱きます。そこからさらに、人事評価によって社員のモチベーションを後押しすれば、会社で働く理由をつくり出すことができるはずです。

つまり、ブランディングとは、社員一人ひとりが持っている力を引き出して束にし、会社が描く未来像へ向かって力強く進んでいく推進力を生み出す装置のようなものだといえます。

POINT

ブランディングは、社員の帰属意識を高める！

「この会社でもっと働く、強く働く！」。その動機づけこそが……

Chapter 3

「ブランディング」実践のススメ！

経営者であるあなたの判断が、
会社の運命を左右する……

ブランディングの基本を理解したら、
次は、その実践。
ブランディングによって解決できる課題とは……。
そのポイントはどこにあるのか……。
会社の将来を見据えながら
前へと進むべき道を、今こそ考える！

WHY? この時代、いい商品がなぜ売れないのか……

誰にとっての「いい商品」なのか

日本はいいものをつくっていれば認めてもらえる、買ってもらえるという意識が昔から強い傾向があります。モノづくりが経済発展を支えてきたのは間違いのないことですし、技術力が高いのも疑いないでしょう。世界に誇れる伝統品なども数多くあります。

しかし、求められていないものをいいものだからと押しつけても売れるわけがありません。

ある中国企業が、コマのようなおもちゃを安価で生産して、現地でヒットを飛ばしていました。ここに目をつけた日本のメーカーが、精度にこだわって数十分間回り続ける商品を開発したのです。中国製のものは30

秒ほどしか回らないので、「どうだ、すごいだろ！」と販売しましたが、ほとんど売れませんでした。

現地企業が50円ほどで売っていたのに、高精度だからと1万円以上で売り出したのです。しかも、開発に時間がかかっていたため、現地のブームも過ぎつつありました。あきらかにタイミングを失していましたし、こだわるポイントもズレていたといえます。現地の消費者は、長く回ることよりも、手軽に買えて、それなりに楽しめれば十分だったのです。消費者にとっての「いい商品」をはき違えていたとしか言いようがありません。

これでは、どれほどブランドストーリーを練り上げても成功は難しかったと思います。ブランドストーリーは、伝えたい対象を明確にして、その対象に理解してもらえる方法をイズムと連携させながら構築していくものです。そのため、大前提としては、徹底した市場調査や競合分析などのマーケティングによって、お客様の顔や好みを明らかにしておくことが大切になります。

ストーリーのタネは日々の業務にあり

一方、消費者が求めている「いい商品」なのに、ブランドストーリーをうまく構築できず売り上げが伸び悩む場合もあります。その理由の一つに、その価値に「気づけていない」ケースが多々あるのではないかと感じています。

いわゆる、長年、その事業に携わり続けているために、第三者から見ればすごいこだわりなのに、自分たちでは当たり前のこととしか思えなくなっているような場合です。

たとえば、魚市場や魚屋では魚が傷まないよう氷水の中に魚を入れていますが、真水は使っていません。真水だと魚が水分を吸収してふやけたようになって、おいしくなくなってしまうからです。そのため、塩を入れて塩分濃度を調節した氷や水を使ったり、氷を入れる位置を魚の上側にしたり下側にしたりといろいろ工夫しているのです。塩分濃度が濃すぎると魚に塩味がついてしまうため、業者によって濃度にはそれぞれのこだわりがあります。これらは漁業関係者にとっては普通のことでも、消費者にはあまり知られていません。でもこれは、「おいしい魚を食卓へ届ける」ための徹底したこだわりであり、消費者にとっては鮮度への信頼が高まる、とてもいいストーリーになるはずです。

このように、いいブランドストーリーを構築するには、何が消費者の心に響くストーリーのタネなのかに気づけるかどうかも重要な要素です。その事業に関わっている当人たちだけでは気づけない場合は、外部の客観的な目を取り入れるのも、一つの方法です。

POINT

ストーリーのタネに「気づく」ことが大切である！

「企業価値」を上げるか？　下げるか？　すべては社員にかかっている！

社員の行動が企業価値を決める

私は、インナーブランディングをしっかりと行うことの重要性を繰り返し述べています。

その理由は、社員こそが自社に対するイメージを決めてしまうからです。いや、社員だけではありません。契約社員や派遣社員、パートやアルバイトも含めた従業員のほか、業務委託先や協力会社など、会社の看板を背負って、お客様と接するすべての人が、会社のイメージを上げることもできるし、下げてしまうこともあります。

事実、多くのマーケティング調査でも、消費者は、その企業の経営者や、その会社に関するメディア報道ではなく、「社員」からその企業をイメージしていると答えています。

ちょっと想像してみれば、それは当たり前のことだと気づくはずです。ショップの販売スタッフの態度が悪ければ、そのお店だけでなく、そのブランドへの印象も低下します。飲食チェーン店で気分の悪くなる接客をされれば、そのチェーン店を利用しなくなったりもします。伸び盛りの飲食店が急速に店舗を拡大していったため、スタッフの育成が間に合わず悪評が立ってしまうといったことは、よくあることです。

また、金融商品を勧めにきた証券会社の営業に、「これ、金利安いの？」と聞いて、「う〜ん、たぶん」などと答えられたら、その営業から買おうとは思わないでしょう。いつ怒られてもいいように逃げ道をつくりながら話す人がいますが、そんな人間を信用できますか。私なら取引することをためらってしまいます。逆に、商品知識や相場動向など、一生懸命勉強していることが伝わる営業なら好印象を持ちますし、商品を売り込むうえでは不利な情報であってもきちんと伝えてくれる営業には誠実さを感じます。このように、社員の行動がお客様にとっての「企業価値」

を決めてしまうのです。

インナーブランディングの範囲

ブランドの伝道者には、社員だけでなくアルバイトや業務委託先も含まれているのに、そこまで徹底してインナーブランディングを実施している企業は一握りなのではないでしょうか。その好例といえるのが、ディズニーランドでしょう。アルバイト（キャスト）に至るまで、ディズニーランドとしての考え方や理念を徹底して教え込むことで、お客様をもてなすスタッフ全員が、イズムの表現者としての誇りを持って行動しています。それができるのは、誰がブランドに影響するのかを正確に理解して、育成に本気で投資しているからです。

インナーブランディングを行う際は、社員への浸透を徹底するだけでなく、社員の先にいる契約社員や派遣社員、パートやアルバイトまでどうやって浸透させていくのかを真剣に考える必要があります。

POINT

人材育成・人材教育が、その企業の価値を決める！

「企業価値」を上げるか？ 下げるか？ すべては社員にかかっている！

社長と社員は、別次元。それを理解してから進めていく

経営者と社員では見ている風景が違う

経営者の中には、お題目を掲げれば、社員がみんな同じ方向を向くと錯覚している人がいます。企業理念と行動指針をオフィス内の壁に貼り、毎日、朝礼のときに復唱することは、言葉を暗記するには効果がありますが、本来の目的はその内容を理解し、実践してもらうことのはずです。

経営者は、常に会社が存続・発展していくためにどうすればいいのかを考えています。3年後、5年後、10年後を見据えながら、逆算して今何をすべきか見出すために、人的ネットワークを広げ、セミナーや経営者同士の懇親会などに参加して知識を更新しています。

一方、社員はそれぞれ与えられたミッションをクリアするために、頭

を使い手足を動かしています。彼らが見ている視界は、経営者に比べれば、ずっと狭いものなのです。それが良い悪いではなく、そこに焦点を合わせなければ、日々の業務を前へ進めていくことができないからだといえます。

つまり、経営者と社員では、そもそもの目線が異なるのです。

経営者が企業理念や行動指針として掲げたものからくみ取れるものと、社員がくみ取れるものには、差が出て当たり前なのです。経営者は、「社員は、自分自身とはまったくの別人格なのだ」と、しっかり認識する必要があります。

また、命令によって遵守するよう求めることにも限界があります。表面上はさておき、命令に従う人は一部に限られます。その一部のうち、100%実践できるのは、さらに一握りの人でしかありません。心から守ろうと思っていない限り、命令の効力は時間の経過とともに薄れていくものです。

だからこそ、ブランドストーリーなのです。経営者が考えていること、思っていることを、企業理念というカタチで浸透させるには、理解し、共感できる物語が必要です。

ワンマン社長では、いつか限界がくる

社長のワンマン経営ですべてのことがトップダウンで決まっていく会社は、社長の器の限界が会社の限界になってしまいます。それ以上に成長するためには、自分より優秀な社員、賢い社員の力を結集し組織として活動していくしかありません。

経営者と社員が別人格であるということは、当たり前ですが、持っている能力や強み、弱みも違うということです。

ある能力についてはもしくはある作業については、社長を上回っているという社員が、社内にはいくらでもいるはずです。ブランディングを行うことで、そのような社員の力を、さらに活かそうとする企業経営を実践することも可能です。

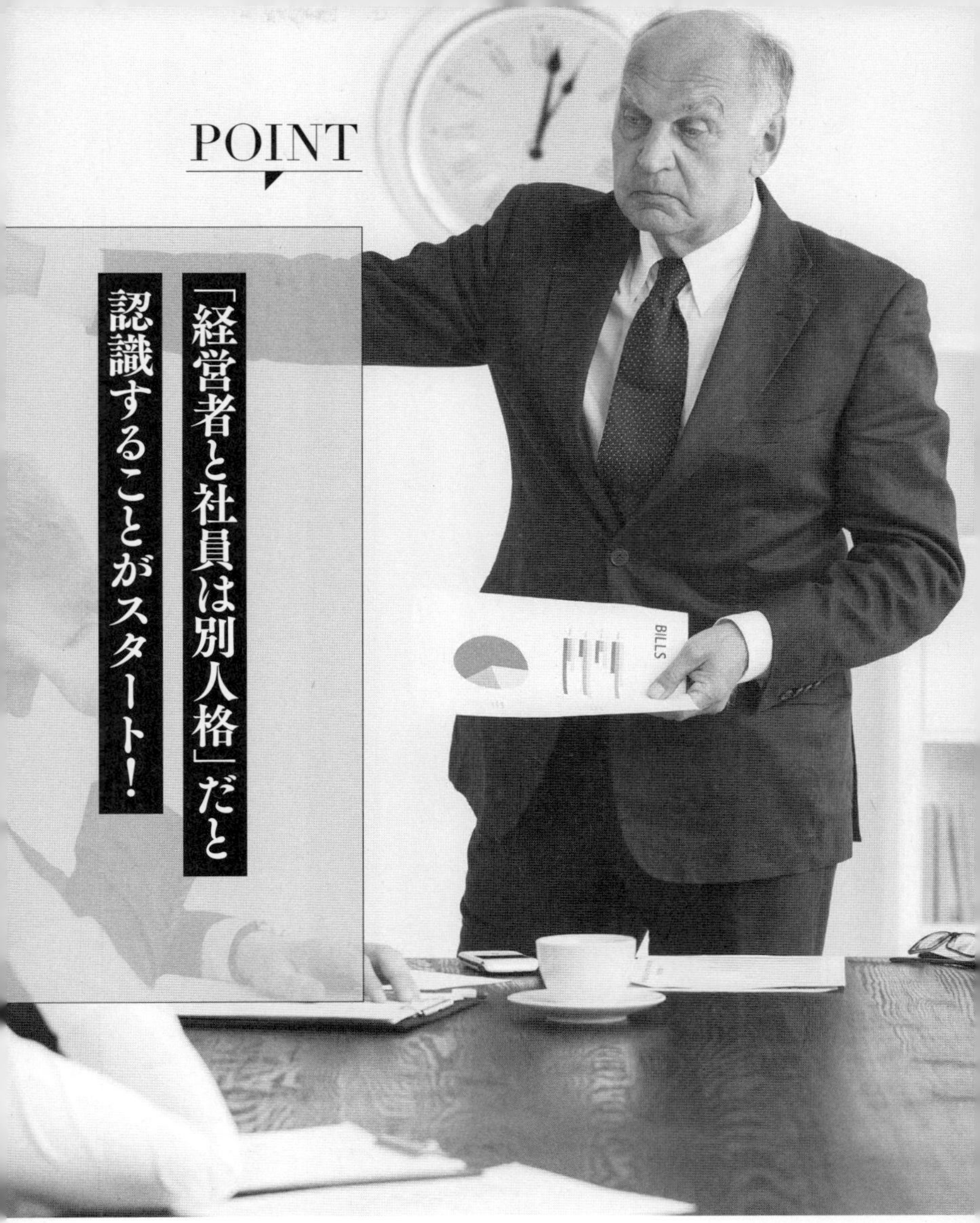

POINT

「経営者と社員は別人格」だと認識することがスタート！

会社に誇りを持てるように、社員教育に力を注ぐ

教育こそが社員を変える

社員は、会社を映し出す鏡です。会社が教えた内容以上のことを自ら考え実行してくれるような優秀な人材は少数であり、圧倒的大多数は、会社が教えたことをそのまま実践しようとします。もちろん下位1割ほどは、教えたことの何分の一しか実行しようとしませんが……。何が言いたいのかというと、「社員の意識が低い」とか、「取り組み姿勢が悪い」などというのは、会社がそれだけの教育しか実行していないから、育成にその程度の投資しか行っていないからだといえます。ダメな社員を育てた責任は、他でもない会社にあるのです。

インナーブランディングに成功した企業の一つにオタフクソースがあ

ります。戦後、広島のいちソースメーカーからスタートして、今や全国のお好み焼き店の約半数で使われるまでに成長している優良企業です。

あるとき、同社の社員に、「どこのお好み焼き店がおいしいですか?」と尋ねたことがありました。でも、返答は「お答えできません」というもの。お好み焼きのソースをつくっているメーカーだから、さぞや詳しいだろうと思いましたし、公に宣伝するわけでも、周りにお好み焼き店の人がいるわけでもありません。ちょっとした雑談のことなので、差し支えないだろうと思ったのですが……。

お好み焼きソースメーカーとして後発だった同社は、お好み焼き店を地道に回り、商品改良のヒントや販売のヒントをもらいながら成長してきたという歴史があります。社員は、社員教育などを通じてこのことを理解し、お好み焼き店に尊敬と感謝の念を抱いているからこそ、お店に優劣をつけるようなことはできないと断ったのだと思います。

インナーブランディングによって、社員は会社や自分の仕事に対して、これほどまで誇りを持てるようになるのです。

社員教育にはお金と手間がかかるもの

多くの企業が研修の中で、会社の歴史や理念について教えているはずです。それが伝わっていないのは、ブランドストーリーがなかったり、その構成を練り切れていなかったりするからかもしれません。

また、インナーブランディングは、研修だけで達成できるものでもありません。日々の朝礼や現場での指導においても一貫性のあるメッセージを発信していくことが欠かせませんし、人事評価制度も連動したものにつくりかえなければならないでしょう。ブランディングのための準備が一通り整ったあとも、定期的に浸透具合を確かめ、状況に応じてメンテナンスを加えていくことも必要になります。インナーブランディングを通じて社員を育成するには、資金も手間も、時間もかかるものなのです。それは後継者育成も一緒です。事業承継の段になって後継者がいないと慌てても仕方ありません。後継者がいないのは、時間をかけて後継者を育成するために投資をしてこなかった経営者の責任なのです。

POINT

インナーブランディングで
社員を変える！ 会社を変える！

会社に誇りを持てるように、社員教育に力を注ぐ

要注意！「類は友を呼ぶ」を、いかに断ち切るか？

就職先は人を見て決めている

入社間もない社員に話を聞くと、多くの人が最終的な入社の決め手は人だったと話します。面接のときに対応してくれた人事部員の人柄が良かった、ＯＢ訪問で会った先輩が楽しそうに働いていた、面接中、自然体で話せたなど、出会った人に、何らかのインスピレーションを感じて、この会社ならやっていけそうだと思えたことが大きかったというのです。

人は、自分の考え方や性格など共通したところのある人に親近感を抱きやすいものです。そして、社員は会社を映し出す鏡ですから、人事戦略としてそれまでの社風と異質なタイプの人材を採用しようと頑張っても、結局入社してくるのは同じようなタイプの人だったというオチになりがちです。仕事に対する取り組み姿勢は事業内容などともリンクしてくるようで、ルーティンワーク中心の企業であれば、変化よりも同じことをコツコツ積み上げていくのを得意とする人が集まってきたりします。逆に、変化を楽しめる人材を採用したければ、会社自体に変化をチャンスととらえる風土や新しいことに挑戦できる機会を醸成する必要があります。

格好悪さも伝染する

タチが悪いのは、働くことに対する低い価値観を持っている同士が集まることです。「仕事は生活費を稼ぐためだけにするもので必要最低限のことだけしていればいい」と思っている人の周りには、同じような考えの人が吸い寄せられてきます。このような働き方をしたいと考えるのは本人の自由なので何か言うつもりはありません。

ただ企業としては、社員にもっと前向きに仕事に取り組んでもらいたいというのが本音でしょう。とはいえ、お金に対する不満をいつも言っていたり、できないことの言い訳などネガティブなことばかり口にしたり……、そんな格好の悪い人のところには、やはり格好悪い人が集まってきてしまうのです。

しかしながら、人事異動によってこれを防ごうとすると、かえって悪い結果を招いてしまうこともあります。人は基本的に自分に甘い生き物ですから、すぐ近くで楽に働いている社員、気ままに仕事をしている社員がいれば、そちらに惹かれていってしまいがちだからです。

根本からこの流れを断ち切り、改善していくには、ブランディングによって企業理念や行動指針の浸透を促進し、社員の意識から変えていくほうが、遠回りのようで一番の近道なのかもしれません。社員自身が働く意味を見出し、仕事に対して前向きに取り組めるようになれば、その姿に共感する人たちが集まってくるようになります。どうせ、「類は友を呼ぶ」のであれば、少しでも会社の考え方に共感してくれる人を集めたほうが会社の力になるはずです。

POINT

人事異動は小手先の解決。
社員の意識を変え、根本解決を！

この時代、お金だけでは社員を引き止められない……

お金がもたらす満足は低いものでしかない

お金に関するおもしろい調査結果があります。それは、年収が一定額を超えると満足感がほとんど上がらなくなるというものです。その額は500万円であったり、800万円であったりと、調査によって多少のバラつきはありますが、ある金額を境に満足度がガクッと下がるところは共通しています。経済的に豊かな国の幸福度が、実はそれほど高くないというデータもあります。2017年時点の名目GDP（国内総生産）のトップはアメリカで、2位が中国、日本は3位にありますが、国連が取りまとめている「ワールド・ハピネス・ランキング」の2017年版によると、幸福度のランキングはアメリカが14位、日本が51位、中国は79

位とものすごく低いのです。

また、モノを手に入れる喜びにも上限があります。生活に必要なモノがひと通りそろうまではモノを買うたびに喜びや満足感はふくらんでいきますが、必需品がそろったあとは一時的な満足感しか得られなくなるそうです。考えてみれば、欲しいものがあるときには、手に入れるまでが楽しいのであって、手に入れてしばらくすると持っていることが当たり前になり、満足感は大きく下がってしまうものです。

収入が増えれば嬉しいのは当然でしょう。しかし、上がったときの満足感は長続きせず、すぐに「もっと欲しい」と思うようになり際限がないのも事実です。そのため、働く目的を収入に置いている人は、常に、今よりも高い収入がもらえる会社を求めて転職を繰り返すことになります。現在は人手不足ですから優秀な人材を確保するために、それなりの収入を保証することは間違いではありません。しかし、一度入社した社員に長く活躍してもらうことを前提とするなら、収入だけで釣るのは間違った採用戦略だといわざるを得ません。

「努力の証しとしての収入」に意味がある

お金に関する調査にもう一つおもしろいものがあります。高収入を獲得した成功者は、自分がそれまでに重ねてきた努力の結果としての収入に高い満足を感じるというものです。つまり、高収入は、多くのことを成し遂げてきた証しだから現在の地位をつかむまでにどれほど苦労があったとしても、大きな満足感につながるというのです。成し遂げたことの中には、当然仕事も含まれています。

このことからも、打ち込むだけの価値ある仕事と、それを成し遂げたという達成感を得られる環境が人の心をつかむことがわかります。だからこそ、金銭的報酬だけに頼るのではなく、インナーブランディングによって企業理念に共感する人材を採用し、働く目標を明確に示しながら育成制度をリンクさせることで目標達成を支援していく。そして、成し遂げた人を正当に評価する人事評価制度で満足感を高めていくという好循環を生み出すことが重要なのです。

POINT

金銭的報酬だけではなく、
企業理念に共感する人材を！

▶ 世界の幸福度ランキング

1位	ノルウェイ
2位	デンマーク
3位	アイスランド
4位	スイス
5位	フィンランド
6位	オランダ
7位	カナダ
8位	ニュージーランド
9位	オーストラリア
10位	スウェーデン
⋮	⋮
14位	アメリカ
⋮	⋮
51位	日本
⋮	⋮
79位	中国

出典：国連『世界幸福度ランキング』2017年

もはや、「見て盗め」「背中から感じろ」は通用しない！

意識が変われば視野が広がる

ひと昔前、先輩が後輩に親切丁寧に教えるなどという文化はほとんどありませんでした。「覚えたければ、見て盗め」「感じて、自分で考えろ」というのが当たり前で、質問しても教えてくれないことなどざらでした。

しかし最近、それでは若い社員が辞めていってしまうといいます。「効率が悪い」「何をしていいのかわからない」「必要とされていると感じられない」など、その理由はさまざまあるようです。

どちらにも一理あると思います。見て盗めというのは、自分で考えることで自主性が生まれますし、身になるものも多い。いろいろな人からいいところを盗むことで、自分の中の引き出しも増えます。一方、基本を丁寧に教えれば、それだけ早く実践経験を積めるようになり、実体験から学ぶ機会を多く得られます。

どちらも目指すところは社員の成長ですから、やり方が違ってきているだけの話だと思います。時代の移り変わりとともに、人の考え方も変わってくるものなので、要は、時代に合わせた育成方法を採用すればいいだけのことではないでしょうか。それなのに、「昔は……」とばかり言って自分を変えようとしない、そんな経営者や上司、先輩の意識こそ問題にすべきだと考えます。

私は、人が成長していくうえで変化というものは非常に重要な要素だと考えています。「立場が人をつくる」という言葉がありますが、これも立場にふさわしい視座を身につけて視野が広がった結果、経験からより多くのことを学べるようになり、より一層の成長を促してくれるということでしょう。女性は妊娠した直後から妊婦や赤ちゃんに関わる情報が目に入ってくるようになるといいます。

人は意識が変われば視野が変わり、それまで素通りしていた情報にも気がつくようになれるのです。裏を返せば、意識が変わらなければ、どれだけ学びにつながる機会やツールがあっても気づくことができず、成長に結びつかないことになります。

ブランディングは理念という軸を生み出す

ブランディングを行うことで、社員は変化にも柔軟に対応できるようになります。変わることを恐れる気持ちは、頼れるものが今という現実しかないからです。ここから動いてしまったら今の平安が失われてしまうかもしれない。次のよりどころが見つからないかもしれない。そんな不安が、変化をためらわせているのです。

でも、ブランディングによって理念が浸透すれば、その会社で働く意味や進むべき先が見えてきます。「今」にすがらなくても、自分の中に理念という確固たる軸ができるため、そこさえブレなければいいという自信が芽生えます。この気持ちが変化を恐れなくさせてくれるのです。

POINT

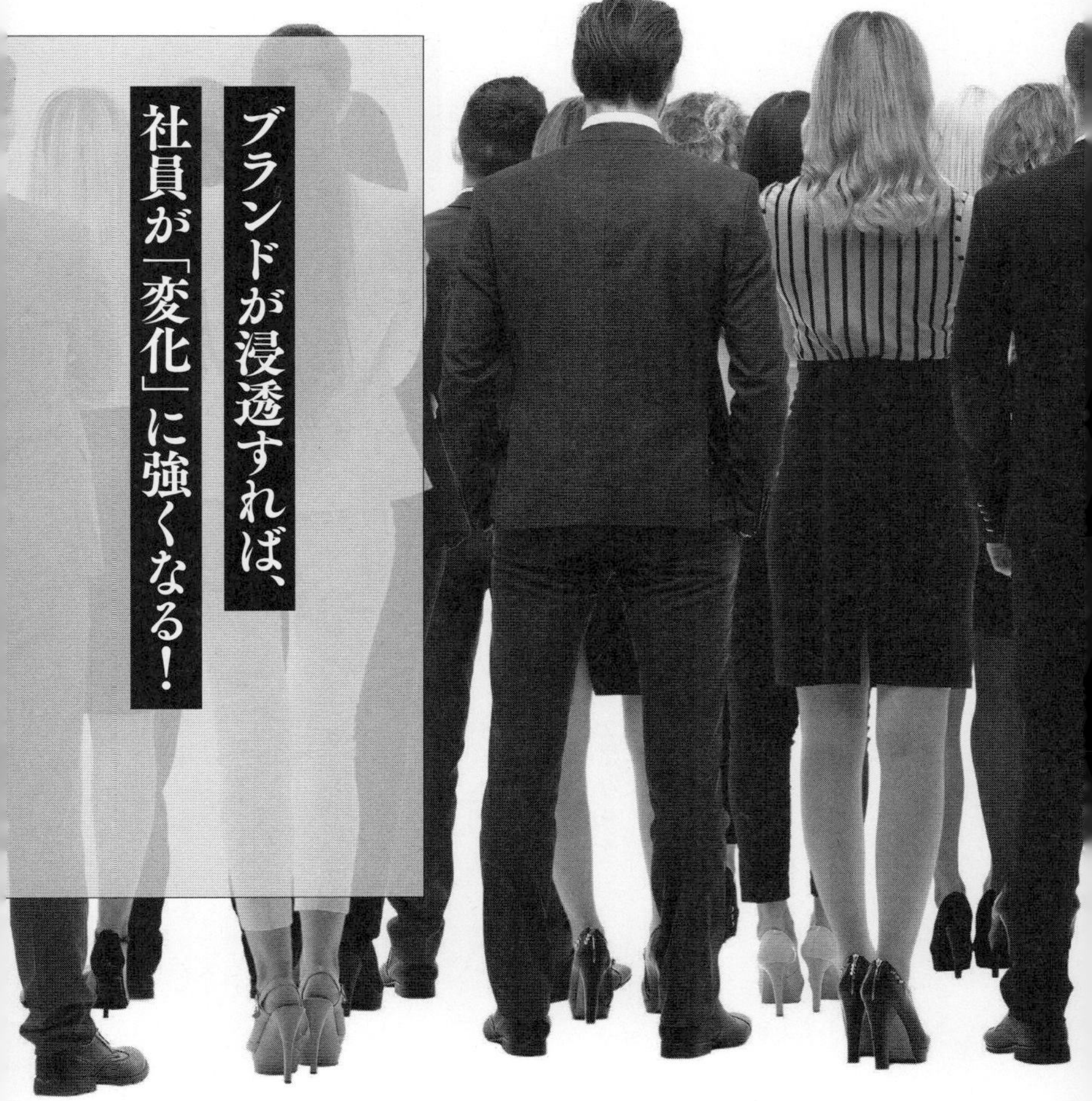

ブランドが浸透すれば、社員が「変化」に強くなる！

最大の敵は、社内にあり！会社を傾けるコンプライアンス違反

正しい企業文化の育成を

昨今、技術大国ニッポンを支えてきた老舗メーカーの不祥事が立て続けに発覚しています。自動車メーカーの排ガス不正や無資格者による検査など、何年にもわたって行われてきたという事実も明らかになりました。こういったニュースを耳にするたび、企業文化として根づくものは、正しいものや素晴らしいものに限ったことではないのだと思わずにはいられません。不正が行われていた企業の社員の中には疑問を感じる人もいたはずですが、入社した頃から上司に「これでいい」と教えられていくうちに、自分で判断することを放棄し、「これでいいのだ」と思い込むようになっていったのでしょう。出世や上役、同僚たちとのしがらみか

ら、わかっていながら口をつぐんでいる人だっていたはずです。そのような人たちにとって、「このやり方が企業文化として根づいている」という事実が、不正を正当化する免罪符になっていたのかもしれません。

現在、コンプライアンスは企業経営を考えるうえで無視することのできない重要な要素になっています。

情報化社会となった今では、どこの企業も個人情報の取り扱いや情報漏えいに神経をとがらせています。しかし、ＩＴシステムによって防げるものは一部でしかなく、情報漏えいの半分以上は誤操作や紛失、管理ミスといった人的ミスが原因です。人間ですから、ミスをすべてなくすことなどできないでしょう。それでも、社員の意識を変えることで大きく減らすことは可能なはずです。

意識を変えるには、企業理念や行動規範などを社員の間にしっかりと浸透させることが重要です。

会社のルールを守らなければならない理由、不正を不正だと指摘できる強さを持つには、それを支えてくれるよりどころが必要だからです。

ブランディングは、このよりどころを社員の心の中につくってくれるものだといえます。

マニュアルだけで行動は規制できない

企業にはマニュアルが存在しますが、それを守るかどうかもコンプライアンス遵守に通じるものがあります。マニュアルを用意するだけで、みんながその通りに動いてくれれば手間はありませんが、そうではないから、「バカッター事件」などというものが発生してしまうのです。従業員が冷蔵庫に入っている画像をSNSにアップして炎上してしまい、店舗が閉鎖に追い込まれたのではたまったものではありません。

今はスマホなどを通じて誰もが簡単に情報の発信側になれる時代です。その分、従来のマニュアルを超えたルールの厳守が今まで以上に求められる時代になっています。そういった意味でも、今一度ブランディングについて真剣に検討する、いい機会なのではないでしょうか。

POINT

ブランディングは、
会社のルール遵守にもプラス！

▶ 情報漏えいは人災！

「2017年、情報漏えい原因比率」

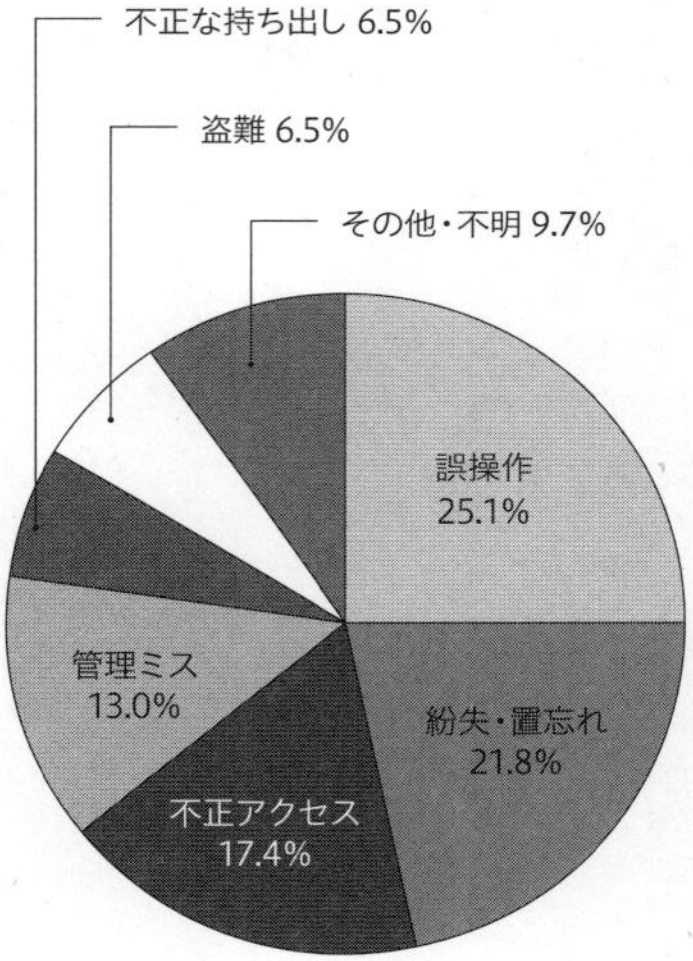

出典：日本ネットワークセキュリティ協会（JNSA）

ルールに合わせるのではなく、ルールを合わせる

ルールは目的ではない

日本人はルールをつくるのが本当に好きです。学校には明らかに必要とは思えないような校則があふれ、メーカーでもグローバルスタンダードを上回る自社規格を設けて自らを縛ろうとします。その結果、自分の首を絞めてしまい、データ改ざんなどという お粗末な事態を引き起こしていたのでは意味がありません。

なぜ、これほどルールをつくりたがるのでしょうか。私見ですが、安心したいのだと思います。ルールさえ守っていれば、やることはやっていると考えるのではないでしょうか。でも、この考え方はとても危険です。ルールを守ることばかりに終始して思考が停止してしまい、ルール

をつくった本来の意図を忘れてしまう危険性があるからです。

ルールとは、「この一線を越えたらヤバイ」という境界を設定するものであって、本来、それを守っていればいいというものではありません。

企業においては理念や目指すべき未来を実現し会社が成長していくためや、組織として機能するためなど、必要最低限守るべき基準としてルールが設けられます。だから、本当は社員の目線は理念や目指すべき未来へ向けられているべきなのですが、ルールばかりが強調されるとルールを守ることが目的化してしまいます。これでは本末転倒です。

たとえば、労働時間を短縮するため1カ月の残業時間に上限を設け、そのルールを徹底しようと、夜18時以降は社内の照明が落ちるように決めたとします。

しかし、会社として本来求めるべきは、生産効率を上げた結果、残業が減るという状況のはずです。この目的を見失ってルールを守ることだけが目的となると、結局社員が仕事を自宅に持ち帰るだけで労働時間の短縮にはつながりません。

硬直化した組織にはルールが多い

また、ルールが増えてがんじがらめになると、組織は硬直化してしまいます。スピードや変化が求められる時代なのに、手続きばかり多くて物事がなかなか前へ進まないという事態を招くのです。そして、ルールから少しでも外れてしまうと「ダメだ」とストップがかかり、生産効率が下がります。形骸化したルールを守るためにビジネスのスピードを遅らせることなど、何の意味もありません。

硬直化した組織では、社員自らが考える仕事も減っていきます。それは、会社の魅力が減っていくことと同義だと思うのです。優秀な社員ほど、自ら考え、挑戦できる環境を求めます。彼らを会社につなぎ止めておくためにも、ルールに頼った経営は控えるべきです。

ブランディングによって、企業理念の浸透を図るとともに、ルールのうえに理念があるということを社員にあらためて理解してもらうことはとても重要なことだと考えます。

POINT

ルールの上に理念がある。
これを社員に理解させる！

持つべき真理、「現状維持は衰退への道……」

変化への恐れが視野を狭める

経営者の仕事は、会社の進むべき道を示すことです。どのような戦略に基づいて会社を成長させていくのか、会社はどこへ向かっていくのか。画を描いて、社員を導いていく仕事は、ほかの誰でもなく経営者にしかできないからです。

そのためには事前準備として、入念な市場調査や景気動向、ニーズの変化など、多岐にわたる情報収集が欠かせません。戦略を考えるためのベースとなる分析データをしっかりとそろえたうえで、どの道を選ぶのかは経営センスが問われる部分かもしれませんが、情報をそろえることと、その情報をじっくりと見渡して思考をめぐらすところまでは、どんな経営者も行うべきことだといえます。

しかし、情報を吟味するための視野が狭くなっていては本来見えるものも見えなくなってしまいます。

たとえば、業績が好調に推移していると、現在の戦略の延長線上でしかものを考えなくなりがちです。うまくいっているものを変えるのは、怖いと思うからでしょう。しかし、その恐怖にとらわれた時点で、視野は狭まっています。これは延長線上以外にある可能性を自ら除外してしまう危険性をはらんでいます。

永続する事業などあり得ない

また、どのような事業にも寿命があります。一時期非常に注目されていたプラズマテレビはあっという間に液晶テレビに取って代わられました。歴史を見れば、重厚長大な産業からサービス業へ産業の中心がシフトしていったように、スーパーマーケットの登場で地元の商店街が消え、

Amazonを筆頭としたインターネット販売ビジネスの急速な普及によってリアル店舗による小売業自体が大きな転換期を迎えているように、需要を支える生活者の生活スタイルや志向、それに応える技術の進歩によって求められるビジネスはどんどん変わり進化していきます。近年は、そのスピードも考えられないほど速くなっています。

つまり、「現状維持」という発想は、どんどん時代から取り残されていくものであって、そのままでは現時点での売り上げや存在感を未来にわたって保つことなど不可能なのです。「現状維持は衰退への道」だと認識すべきです。

こう考えることができれば、変化することを恐れなくなります。狭まっていた視野も広がり、将来にわたって成長していくための選択肢も増えるのです。現状を維持するという守りの発想から、挑戦するという攻めの発想へ変わることで、社内にも活気が生まれます。

このような変化を社内に生み出すには、何よりもまず経営者が、現状維持という考え方を変える必要があります。

POINT

守りの発想から挑戦発想へ。これが社内を活性化させる！

これぞ結論！時代が変われば、ブランディングも変わる！

ブランドストーリーは永遠ではない

繰り返しになりますが、ブランディングとはステークホルダーに自社のポジティブなイメージを持ってもらうことであり、ブランドストーリーはそのための手段です。ということは、ステークホルダーの求めているものが変われば、当然ながらブランディングもブランドストーリーも変えていく必要があります。

「目の前にコップがあります」と言われたとき、グラスをイメージする人もいれば、マグカップを思い浮かべる人もいるでしょう。江戸切子を想像する人だっているかもしれません。

ブランドストーリーを構築するうえでは、コピーやデザイン、ロゴ、イラストなども活用することで、このようなイメージギャップを極力抑えながら、「感じてもらいたいメッセージ」を伝えていきます。

しかし、受け手の常識がコップ＝警察官だったら、とうてい共通認識も共感も生まれるはずはありません。このようなズレをなくすためにも、市場調査が重要なのであり、調査によって以前のストーリーでは伝わらないと判断したのなら、迷わず新たなストーリーを構築すべきです。

ストーリーだけでなく、ブランディングそのものから見直したほうがいい場合だってあります。

プロの介在がブランディングを前進させる

ブランディングやブランドストーリーというものは一度つくれば、一生使えるというものではありません。

スターバックスが3回もロゴを変えたように、ステークホルダーのニーズが変化したときやステークホルダーに伝えたいメッセージが変わったときには、リブランディングすることをオススメします。

ブランディングやブランドストーリーの構築には、「これが正解」というものはありません。

また、ブランドは企業理念や企業フィロソフィー、商品企画、社員、人事評価、宣伝・広報など、さまざまな要素が絡み合った結果、生まれるものなので、ステークホルダーのニーズとズレているとわかっても、どこをどのように変えるべきなのか簡単にはわからないという難しさがあります。

そのようなことで迷ったときは、ブランディングのプロフェッショナルを介在させてください。

ブランディングによって成長を勝ち取った企業を数多く見てきたプロだからこそわかる課題というものがあります。国内だけでなく、グローバル市場においてステークホルダーの共感を誘うストーリー構築のノウハウを豊富に持っていたりもします。きっと、あなたの会社のブランディングを力強く前進させてくれるはずです。

POINT

時代を読み、ズレをなくす。
ブランディングを前進させる！

Chapter 4

「ブランドストーリー」

成功の鉄則 15

やるか、やらぬか？
これで、あなたの会社が生き残る……

企業としての効果的なブランディングや
ブランドストーリーの構築は
容易にできることではありません。
しかし、鉄則ともいえる
テクニックをマスターすれば、
その精度を高めることは
不可能ではありません。
会社を存続させるために、
成功方程式をわがものに！

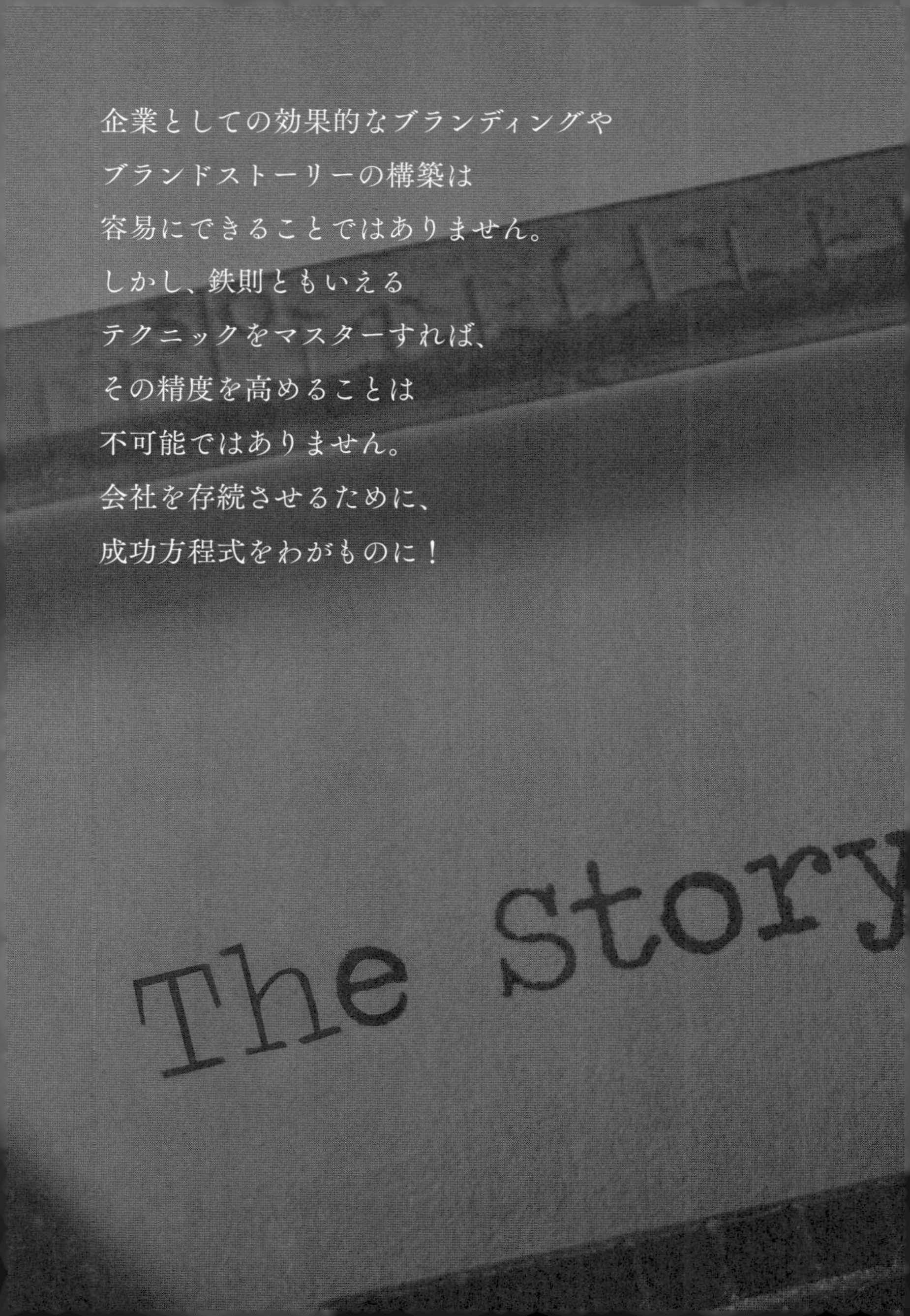

成功の鉄則 1

ストーリーづくりの大前提、会社の「イズム」を掘り起こす！

会社発展の原動力がイズム

ブランドストーリーを構築するためには、その出発点となるイズムを明らかにする必要があると述べました。イズムとは、会社が大切にしている主義や主張であり、成長を続けてきた企業発展の原動力となるものです。それは創業以来、脈々と受け継がれてきたDNAかもしれませんし、社会やお客様、社員に対する考え方や接するときの心がけかもしれません。会社によって、その内容は異なりますが、成長している企業であれば、必ずステークホルダーの共感を呼ぶイズムがあるはずです。

このイズムをもっとも理解しているのは経営者です。そのため、まずは経営者の心の中を分解していく必要があります。「お客様への想い」「社員への想い」「なぜこれまで成長できたのか」「どのような会社であり続けたいか」「どのような成長、未来像を描くのか」――それらを問いかけながら漠然とした思いや考えを言語化していきましょう。

また、イズムは組織や社員の中にも根づいています。それは経営者の視点から考えているものとは異なり、「この会社で働く動機づけ」というカタチをとっているかもしれません。そういった社員の心の奥底にある価値観や動機、思考の表出化のためには、社員同士で語り合うワークショップを実施することも効果的です。

「利他の心」で企業成長を実現

イズムを明らかにしていくときのポイントは、これまでの歩みばかりを見ないことです。過去の成長の原動力という点にとらわれすぎると、未来視点が抜け落ちてしまいがちだからです。ブランディングにおいて核となるイズムは、これからの会社の成長を支えていく原動力となるべきものですから、「これから会社が、自分たちがどうなっていきたいのか、いくべきなのか」という未来志向で発想する必要があります。

前述のソースメーカー・オタフクソースは、創業者の理念である「利他の心」を大切にし、「人々に喜びと幸せを広めることを自らの喜びとする」という考えを「たらいの水哲学」というもので表現しています。たらいの水を自分のほうへ引き寄せようと動かしても、手を止めると水の波紋は自分とは反対のほうへ広がっていきます。一方、相手のほうに水を差し出せば、水は跳ね返って自分のほうに寄ってきてくれる――。

このように、商売も自分たちの利益だけを考えるのではなく、相手のためになることを考えて世の中に幸せを広めていけばやがて自分のところにも返ってくるという教えです。このイズムが浸透している同社の社員は、お客様であるお好み焼き店に足を運ぶことを厭いません。お客様の声から学ぼうとする姿勢にもブレが見られません。そして、お好み焼き文化を広めるために「お好み焼課」を立ち上げてしまうなど、業界の繁栄のために本気で頑張っているのです。

POINT

社員同士のワークショップで、イズムを未来視点で考える!

社長だけの「想い」はマイナス効果……。想いを具体的なカタチにする!

成功の鉄則 2

経営者は裸の王様になりやすい

経営者は、「自分が正しい」と思い込みがちです。会社の先導役として経営計画を考え実行していくわけですし、経営者が決断しなければ何も動き出さないことを考えれば、自分の考えに自信を持っていて当然だといえます。むしろ、自信なさそうに指示されては、社員は不安になるだけです。

とはいえ、いつも経営者の判断が正しいとは限りません。そんなときに社員が意見できる風土がどれほど根づいているかが大切です。

基本的に、社員の立場で経営者に対して「違う」とは言いづらいものです。社長自らが「イエスマンばかり周りに置くつもりはない。意見があったらどんどん言ってほしい」と一度や二度口にしても、社員は「はい、そうですか」とすぐには意見できないのが組織というものです。

ブランディングには全社一丸となって取り組む必要があります。経営者だけでなく、全社員にイズムが浸透しなければ意味がないからです。それなのに、経営者の意見ばかりが反映されていくようでは、社員がついていこうと思うはずがないではありませんか。

経営者はそのことを自覚して、自分が変わる努力をすべきです。コンサルタントとして多くの経営者と接してきた経験から、経営者のマインドを変えるのがもっとも困難であり、そのことを自覚できない場合、ブランディングがうまくいかないケースが多いからです。

若者の感性は若者が一番よく知っている

経営者だけの「想い」がマイナスになる理由はほかにもあります。

それは世代間ギャップです。

今は、多くの経営者が50代以上でしょう。若くても40代でしょうか。起業間もないベンチャー企業や、何らかの事情で後を継いだ若社長でもない限り、20代、30代ということはほとんどないと思います。そのため、経営者の想いだけで、10代、20代の若者が共感するブランドストーリーを構築するのは、かなり無理があることだといえます。

「まだまだ自分の感性は若い」と自負している人でも、それは、あくまで同世代と比べてということであって、10代、20代と同じというわけでは決してありません。年齢というものは想像以上に残酷であり、ましてや感性には大きな隔たりがあるのです。

すでにお話ししたように、企業の存続のためには、若い世代のファンをつくっていく必要があります。

そのため、ブランドストーリーを構築する際には、イズムや企業理念を若い世代にも理解できる言葉や表現に翻訳しなければなりません。しかし、経営者の感性だけでは、それは不可能です。そのため、幅広い年齢層の社員から意見やアイデアを集めることが大切になります。

POINT

経営者の考えや感性には、おのずと限界が生まれる！

成功の鉄則 3

「理念」の再検証を！当たり前のフレーズに存在価値はなし

価値観を共有しているから共感が生まれる

さまざまな企業の理念を見ていると、本気で考えているのか疑わしいものや勘違いをしているものが多々見受けられます。

たとえば、銀行が「信用」を前面に打ち出していたりします。でも、そもそも信用できない銀行に大事なお金を預けるわけがありません。銀行において信用は、大前提なのです。食品メーカーにおける「安全・安心」や、病院の「誠実」なども同様といえます。ステークホルダーから見れば、そうであって当たり前のことを企業理念として掲げられても、何ら感銘は受けませんし、当然、記憶にも残らないでしょう。しかし、経営者としては「銀行にとって、もっとも大切なものは信用なのだから理念において信用を謳うのは当然だ」と発想してしまいます。

ブランディングにおいて本当に大切なのは、「信用」や「安全・安心」「誠実」という言葉を理念として掲げるに至った背景や想いと、それを語るブランドストーリーです。先ほど紹介したオタフクソースの「利他」という理念を伝えるための「たらいの水哲学」のように、なるほどと共感できるストーリーが重要なのです。

また、企業理念の中には、誰かの名言や格言、経営者が心酔する人物の言葉を掲げたものもあります。これも、ステークホルダーには共感しにくいものの代表格でしょう。

経営者としてさまざまなことを学び、経験したからこそ味わえる言葉の重みというものがあります。子供の頃に見た映画を大人になってから見ると、当時気づくことのできなかった新たなおもしろさや感慨深さを味わえたりします。

それと同じで、経営者と同程度の経験値や価値観を持たない人が、経営者が共感している言葉の奥深さを感じ取るのは不可能なのです。

主観でつくると失敗する

ここまででわかるように、ブランドストーリーは、徹底してステークホルダーの視点から構築しなければなりません。

自分たちの会社が、何を、いつ、どのように、誰のために提供しているのか、こだわりは何か、それを実行する想いとはどのようなものなのかを考えてください。

その際、自分たちの常識という思い込みを取り払うことも忘れないようにしましょう。業界用語のように、その世界では当たり前のこととして通用しているものでも、外の世界へ行くとまるで通じなかったなどということは珍しくありません。ただ、何がその業界ならではの常識で、実は一般的にはそうではない……といった見極めは、その業界の中にいる人には判断しづらいものです。

そのため、より精度の高いブランドストーリーをつくるためには、外部の人間の協力をあおぐことがコツだといえます。

POINT

ステークホルダー視点で構築。
「当たり前」は記憶に残らない！

成功の鉄則 4

イズムを浸透させる、「カルチャーブック」を活用する

共通の価値観を視覚的に伝える

会社のイズムを社内外へ浸透させるためのコミュニケーション・ツールに「カルチャーブック」というものがあります。

これは、会社で働く一人ひとりが心の中で感じている共通の価値観を視覚的にわかるようにしたものであり、会社全体として思い描く未来や提供したい価値、社会に対する使命などを表現したものです。

文字やイラスト、企業独自のキャラクターなどを使って、印象深く、楽しいつくりになっています。

といっても、決まった型があるわけではありません。文字主体のつくりもあれば、マンガテイストのものもあります。判型も決まりはなく、

手帳サイズもあれば、Ａ５サイズもあります。イズムが企業によって異なるように、それを表現する「カルチャーブック」のスタイルもさまざまに違ってくるということです。

そして、社員がカルチャーブックを読めば、自社の理念や想いを理解でき、仕事への誇りやモチベーションを高めるきっかけになり得ます。社外のステークホルダーに読んでもらえば、あなたの会社が何を想い、どこを目指しているのかがわかって、ファンになるきっかけや動機を提供できるかもしれません。

そこに、熱い想いを込める

カルチャーブックの作成には、経営者だけでなく社員も参加します。会社のことをどう思っているのか、どうしたいのか、何を課題と感じているのか、なぜ、この会社で働いているのか……。それぞれの立場から会社への想いを語ってもらい、それらを集めて作成するのです。だからこそ、経営層から社員までが共有できる価値観を浮かび上がらせることができるのです。

また、カルチャーブックをつくる過程自体が理念浸透のプロセスにもなります。自身の会社への想いを見つめ直しながら同僚や先輩、後輩の価値観と向き合うことで、漠然としていた想いが整理されて、自分の中へじわじわと染み渡っていくのを実感できるはずです。

カルチャーブックを作成するうえで勘違いしてはいけないのは、経営計画や事業戦略を伝えるためのものではないということです。そういったものは理念を実現するための計画であり、1～3年ほどで変わっていくものでもあります。カルチャーブックに込めるべきは、経営計画や事業戦略を策定するうえで核となる熱い想いであり、企業が成熟していこうとする文化だといえます。日々、目の前で起こる煩雑な出来事に振り回されて、視野が狭まり本来の目的を見失いそうになったときに、立ち返るべき価値観を明確に表現したものなのです。この、カルチャーブックの作成は、ブランドストーリーづくりの切り札ともいえます。

POINT

本来の価値観を表現する「カルチャーブック」を活用！

成功の鉄則 5

認知・理解とは別物！「共感」をいかに創造していくか？

共感が行動を誘発する

ブランドストーリーによって生み出される「共感」は、認知や理解とは異なります。たとえば、雨の中、傘があるのにずぶ濡れになりながら重い荷物を運んでいる人がいたとします。認知とは、あそこにずぶ濡れで荷物を運んでいる人がいるなと認識することです。理解とは、両手でないと運べない重い荷物だから傘がさせず、ずぶ濡れなんだとわかることです。

ただ、認知・理解でとどまってしまっては、行動には結びつきません。その人を見て、同じ働く人間として頑張る気持ちがわかるとか、何か自分にできることはないかと共感が生じるからこそ、傘を差し出したり、荷物を運ぶのに手を貸したりするのです。

ブランディングにおいては、共感によって会社が示す理念や考え方をわがことのように思えるから自分の言葉で話せるようになるのであり、誰かに伝えたいという衝動が生まれてくるのです。

社内にメッセンジャーを育てる

しかし、社内ですら共感の輪を広げていくのは簡単なことではありません。企業理念と行動指針に矛盾を感じれば、そこに共感は生まれません。「利他の心が大切です」と謳っているのに、営業研修で「いかに買わせるか」というテクニックばかり教えられては戸惑ってしまいます。社員が率先して理念を広めようと頑張っても、結局、営業成績のいい人間ばかりが評価されるのでは、理念の体現などバカバカしくて、やってられなくなるでしょう。だからこそ、育成や評価などのズレをなくす必要があるのです。

制度の一貫性を保つだけでなく、社内にメッセンジャーとなるキーパーソンを育てることも大切だといえます。ブランディング・プロジェクトを立ち上げてメンバー内に理念を浸透させ、彼らが各部署に戻ったときに周りの社員へ広めてもらうのです。どこの会社にも発信力と周囲への影響力が強い社員はいるものですから、その人を巻き込めると社内への浸透スピードをより速めることができます。また、お手本となる存在を会社が示すという方法もあります。企業理念や考え方に合致した人を表彰することで、「今、会社が評価するのは、こういう人です」というメッセージを全社員に向けて発信するのです。その人が手掛けた成功事例や表彰したポイントを紹介しながら、社員の間で共有することによって、何が求められているのかを伝えることができます。

理念や考え方に根差した価値観が、社内の共通言語として語られるようになれば、文化として定着したといえます。しかしながら、1年やそこらで企業文化は根づきませんので、じっくりと腰を据えて取り組む姿勢が重要となります。

POINT

認知・理解にとどまらず、社員が共有できる「共感」を！

成功の鉄則 6

「CI」から「社員育成」、「人事評価」までの一貫体制を整える

CIとブランディングの違い

ブランディングが注目されるようになるまで、世の中に自社のことを知ってもらい他社との差別化を図る手段として、CI（コーポレート・アイデンティティ）が流行っていました。これは、企業理念をつくって、それを社内で共有し、考え方や行動のベクトルをそろえるところからはじめ、企業理念に連動させながら会社や商品のデザインを統一して、特徴や独自性を世の中に発信していくマーケティング手法の一つです。

CIというと、ロゴやコーポレートカラーなどがすぐに思いつくため、CI＝デザインだと思っている人がいるかもしれませんが、企業文化に根差した、もっと奥深いものです。

これを聞いてブランディングと何が違うのか疑問を抱いた人は、まだブランディングの最大のポイントを見落としています。

ブランディングとＣＩの最大の違いは、「誰目線か」ということです。ブランディングは繰り返し話してきたように、「ステークホルダー目線」ですよね。

一方、ＣＩは企業が世の中に広めたいことが発想の中心にあります。そのため、「わが社は、こんないいところがあるんです」「この商品、特徴的だと思いませんか」という企業側の主張が先行しがちでした。その結果、秀逸なＣＩで一時的に話題になっても、ブランドとして定着せず、あまり長続きしないケースが多かったのです。

ところが最近は、ステークホルダーの視点も取り入れたＣＩというものもあるので、両者の区別は曖昧なものになっています。しかし、そんなことは呼び方の違いでしかなく、どうでもいいのです。大切なのは、自社のブランドを確立するためには、「ステークホルダー目線」で構築することがとても重要だということです。

ステークホルダーの存在を忘れない

これまで何度も、一貫性が大事だと話してきました。

まずはイズムに根差した企業理念をつくって行動指針に落とし込み、それを人事評価や人材育成、商品企画、販促、宣伝・広報など、企業活動のすべてに連動させていくことで、統一感のあるメッセージを発信するためです。

ただ、ブランディングを行う際は、このすべてにおいて会社側の都合を押しつけてはいけません。

人事評価や育成制度をつくるときは社員にとってどうなのかという視点を忘れてはいけませんし、商品企画や販促、宣伝はマーケットインの発想が欠かせないといえます。

これはブランドストーリーを構築するときも同様です。ステークホルダーの存在を強烈に意識しながら、共感を誘うロジックを構築していくよう心がけてください。

POINT

ステークホルダー目線で、一貫性を持って構築する！

成功の鉄則6
「CI」から「社員育成」、「人事評価」までの一貫体制を整える

成功の鉄則 7

モチベーションのアップ！成長実感のある「評価制度」を構築する

成果から貢献へ

イズムや理念を社内に浸透させていくうえで、人事評価制度が果たす役割は非常に大きいものがあります。人は誰かに認められたとき大きくモチベーションが上がり、誰かに認められたいという気持ちが仕事や成長に対する意欲を生むからです。こういった心の動きを活かすことで、理念の浸透を、評価の面から後押しすることができます。組織への貢献度や理念にそった行動を、どれだけできたかという点を重視した「理念浸透型・人事評価制度」を導入するのです。

理念浸透型・人事評価制度では、社員一人ひとりの日々の業務を記録して、組織に対する貢献の度合いを評価します。成果だけでなく、指導力や新規企画力、事業立案力といった貢献度と、行動指針を体現できているか、ブランドを大切にする想いのようなものへもウエイトを置いた評価にするわけです。これによって、成果に重きを置いた評価制度では抜け落ちてしまう社員の頑張りを評価に反映できるようになります。

評価基準を可視化する

注意したいのは、評価結果をフィードバックする面談を年1回行うだけでは不十分だということです。世界最大の会計事務所であるＤｅｌｏｉｔｔｅ．のマネージャーは、部下の評価のための面談や評価会議を、会社全体で年間２００万時間という膨大な時間を費やしていました。それでも、パフォーマンスレビューの面談直後に会社を辞める人が増えていたといいます。そこで、年間を通じて「何ができていて、どこをより頑張ればいいのか」ということを上司が部下にフィードバックする機会を増やし、日々、社員の成長を支援する仕組みを構築しました。これによって退職者を減らすことができたといいます。このように成長実感は、「この会社で働き続ける」という強い動機になり得ます。

社員の成長意欲を人事制度によって刺激して日々の業務に対するモチベーションを上げるには、理念や行動指針と評価基準に矛盾点のないことが大前提です。そのうえで、報酬が上がる条件やキャリアパスの道筋を明確に示すという方法もあります。極論をいえば、係長、課長、部長、取締役になるための条件を社員に開示するわけです。

評価基準が可視化されていなければ、生殺与奪を握っている上司の顔色を気にするのも、ある意味仕方ないと思える部分があるからです。しかし、本来であれば、社員が目を向けるべきは企業理念であり、お客様でなければなりません。上を気にするあまり、社内調整などが多くなり、お客様に提供できる価値があるはずなのに、それ以外のことにエネルギーを使っていては本末転倒です。人事評価制度は、社員全員が会社の理念や進む方向性とベクトルをそろえ、その達成のために力を発揮できる環境づくりに結びついているべきだと、私は考えます。

POINT

社員を評価する観点は、組織への「貢献」と理念の「実践」！

社員の色を決めるのは、「直属の上司」。組織づくりの方程式

社員は社長ではなく、身近な先輩に憧れる

人事評価制度を企業理念と連動させることで、成長実感を得られるものへ変えたとしても、それだけでは社員がイキイキと働くために十分とはいえません。前述しましたが、人が成長するには、スキルを少し上回る課題に意欲をもって取り組むことが必要です。その際、明確な目標も必要で、会社が目指す方向性を明確に示すことで、社員が目標を設定しやすくなることも話しました。ただ、もっと身近に憧れの先輩や上司がいるほうが、より具体的な目標をイメージしやすく、成長意欲はより高まることが期待できます。

社員は、社長がどれほどいい生活をしていても、手が届かないという

思い込みからでしょうか、あまり目標にしようとは思いません。それよりも、上司や先輩が充実して仕事に取り組んでいれば、手が届きそうな分、「自分も」という気が湧いてくるものです。

そのような存在の人に、「今取り組んでいる仕事は、会社にとってどのような意味があるのか」「この仕事を達成することで、どのような将来へとつながっていくのか」を語ってもらうほうが、素直に耳を貸すことができます。成長を加速させる組織をつくるためには、リーダーやマネージャー層への理念の浸透を率先して促し、その人から周囲へ浸透の流れをつくっていくべきなのです。

「まあ、いいや上司」こそがネック

成果を生み出す組織では、明確な理念やビジョンが共有され、メンバーの共感を得ているものです。社員は自ら仕事を見つけ行動し成長するという好循環の中にいます。その成長をサポートする仕組みもあり、社員同士のコミュニケーションも活発です。社員同士が互いに刺激し合いながら、さらなる成長をもたらしてくれます。

人の行動は、周囲の人間関係に大きく影響されることは、行動科学でも証明されていることなのです。

しかし、このような組織でも、あっという間に、成長できない後ろ向きな組織へ変わってしまうことがあります。それは、「まあ、いいや」という気持ちで仕事をする、リーダーやマネージャーが異動してきた場合です。マネジメント層に後ろ向きな人材がいると、いくら人事評価制度や育成制度といった仕組みを整えても機能しません。理念を浸透させようとしても、組織の末端までは広がっていかないでしょう。

若手社員も、最初は抵抗してそれまで通りモチベーション高く仕事に取り組むでしょうが、評価されることがないと知れば、バカバカしくなり会社を去っていってしまうかもしれません。

組織を活かすも殺すもマネジメント層次第なので、理念浸透施策では、この層には特に注力して取り組む必要があります。

POINT

理念を浸透させるためには、マネージャーから教育する！

成功の鉄則 9

「社内」と「社外」、発信内容の完全一致を追求する

情報が容易に手に入るからこそ

今は、調べたいと思ったことは、たいていインターネットなどで調べることができます。会社の歴史や社長のメッセージなどオフィシャルなものはもちろん、会社の内部事情といった一昔前ではほとんど表に出なかった情報も、現役社員や元社員が匿名で投稿できるクチコミサイトなどから収集することが可能です。今や会社にとって都合の悪いことを隠そうとしても、隠し切れない時代になっているのです。

そのため、アウターブランディングを考えるうえで、インナーブランディングと連動させることは、これまで以上に重要な要素になっていま す。消費者は賢いですから、企業が発信するキャッチコピーや商品紹

介などのメッセージが、ある程度企業にとって都合がいいようにつくられていることを知っています。そのため、少しでも「本当？」と思えば、裏をとるためにすぐ調べるものだと考えるべきです。そして、そこにズレを感じたら、消費者はあっという間に離れていきます。

インナーブランディングとアウターブランディングに一貫性を持たせるには、理念が、社内に浸透していなければなりません。

たとえば、商品やサービスを開発するとき、「ウチの会社の方向性なら、こういうものはつくらないよね」というチェックを社員自身が行っていく必要があるからです。

ストーリーのブレが、共感を削ぐ

また、それまでの方向性とはまったく異なる商品をつくろうとするときには、イズムや理念につながるブランドストーリーの構築が、さらに重要になります。

「生活者の味方」を掲げて「質の高い製品を誰もが気軽に手の届く価格帯」で提供してきた会社が、いきなり高級ブランドを立ち上げるとなったら、消費者が「なるほど」と納得できるストーリーがないと、簡単には受け入れてもらえないはずです。

ブランドストーリーにブレがあると、インナーブランディングとアウターブランディングや理念とプロダクトブランドなどの間に、ズレが生じます。ズレがあると、そこには矛盾が生まれて、メッセージを受け取ったステークホルダーの共感が削がれてしまいます。

ヒット商品を生み出すブランドストーリーの精度は経験値によって高めていくことはできますが、「これで間違いない」という方程式はありません。しかし、売れない商品や共感を生めない商品には、必ずズレが生じているのです。

これは国内だけでなくグローバル市場においても同様です。むしろ、伝えることに長けている外国人のほうが、ブランドストーリーのブレやズレに敏感に反応するかもしれません。

POINT

インナーとアウターのズレを、徹底して排除していく！

「CSR」は、構築した「イズム」と徹底的に連動させる！

経営者の趣味嗜好でCSRを決めてはならない

社長がサッカー好きだとします。休日には忙しい合間を縫ってスタジアムへ足を運び、声がかれるまで一生懸命応援するほどの熱の入れようです。そのことを知ってか知らずか、応援しているプロサッカーのクラブチームからスポンサーの依頼がきました……。

金額的には、多少無理をすれば払えそうです。選手のユニフォームに企業名が入るので、宣伝にもなるはずです。もらえる入場券を社員に配れば喜んでくれるだろうし、わずかではあるが観客も増え、応援にも活気が出るのではないか……。

そう考えた社長は、スポンサーになることを決め、ＣＳＲ（社会貢献）

活動の一環として社内に広報したのでした。

ところが、社内からは不満の声ばかりが上がってきました。

なぜならば、社長以外、そのサッカーチームのサポーターがいないというだけでなく、そのチームはトップリーグに上がることもできず、下部リーグをうろうろしているような状態であり、そんなチームのスポンサーになることに疑問を感じる社員がとても多かったのでした。

「社長の道楽ではないか。そんなお金があるなら給料を上げてくれ！」などと怒りの声を上げる社員も出てきてしまって……。

このように、社長の趣味嗜好が透けて見えるCSR活動など、社員はしらけるだけです。このようなことが何度も重なれば、会社を辞めていく人が出ても不思議ではありません。

社会や地域への貢献活動は、本業とは違うので、そこまで一貫性を持たせる必要があるのかと思うかもしれませんが、何度もお話ししているように、ブランディングやブランドストーリー構築における最大の敵は、イズムや理念とのズレです。

成功の鉄則10

「CSR」は、構築した「イズム」と徹底的に連動させる！

ＣＳＲとしてどのような活動を行うか検討する際や社内に広報するときには、社員の共感を得ることに注力してください。

社会的責任をどう考えているかの意思表示

ＣＳＲとは企業が自社の利益追求だけでなく、社会へ与える影響にも責任を持ち、あらゆるステークホルダーからの要求に対して適切に対応することです。たとえば、イメージしやすい環境への取り組みや地域課題への取り組みのほか、安全な商品を提供することや公正な競争のもとでの事業活動、コーポレートガバナンスの向上なども含まれます。つまり、企業の利益を前提とした地域貢献活動とはまったくの別物で、企業ＰＲ目的の延長線上にあるスポーツチームのスポンサーというのは、そもそもＣＳＲとはとらえづらいわけです。

ＣＳＲは、その会社が社会に対する責任をどのように考えているのかを示すことにもなるため、理念との連動は絶対条件だといえます。

POINT

企業として大切なものは何か、それに立ち返って考える！

成功の鉄則 11

これこそ排除！「子供が描いた似顔絵を喜ぶ両親」理論

自社内完結のブランディングは危険

ある程度社歴のある会社には、良い悪いはさておき、社風やその会社独自の考え方といった企業文化があります。

不思議なもので、新卒で入社した社員だけでなく、別の会社を経験して知っている中途入社の人であっても、いつの間にか今の会社に染まっているものです。そして、「その会社らしい」ものの見方、判断をするようになっていくでしょう。だからこそ、「まあ、いいか」といったネガティブな雰囲気は、ブランディングによってポジティブなものへと刷新しておくべきなのです。

それができていれば、企業文化は、社員の一体感を醸成したり、ベクトルを共有して同じ方向へ進んだりするうえで役に立つため、必要なものだといえます。しかし、正しいブランディングやブランドストーリー構築のためには、マイナスに働くことが少なくありません。

社内にブランディングチームを立ち上げて、社長や社員へのインタビューを実施して、そこから見えてきたイズムをもとに理念を再構築。ブランドコンセプトの設定を行い、ブランドストーリーに落とし込んでいったとします。当然、プロジェクトメンバーは、完成させた理念やコンセプト、ストーリーに自信を持っているでしょうし、苦労してつくり上げたので思い入れも強くなっているはずです。それだけに、どうしてもひいき目で見てしまいます。

客観性抜きに共感できるストーリーは生まれない

それは、小さいわが子が描いたママやパパの絵が、嬉しくてたまらない親の目線と同じです。その絵に上手、下手は関係ありません。わが子への愛情と頑張って描いた努力に気持ちが動かされているだけです。正直なところ、わが子が描いた絵でなければ、お世辞にも上手だなどと思えないものがほとんどではないでしょうか。

同じように、必死につくり上げたブランドストーリーが適切にでき上がっていれば問題はありません。しかしながら、同じ企業文化に染まっているメンバーが集まってつくっているため、どうしても視点にかたよりが出てきてしまうのです。

客観的な視点が欠けていることから、間違った方向へと進んでしまっている場合、社内のプロジェクトメンバーだけでは引き戻してくれる存在がいません。また、ステークホルダーの視点が入っているかどうかを適切に検証することも難しいでしょう。

経営者が主導権を握って自分の想いを込めた場合も同じことがいえます。特に、理念や考え方、商品・サービスの独自性をステークホルダーが共感しやすいものへ翻訳する役割を担っているブランドストーリーでは、このかたよりが致命傷になりかねません。

POINT

適切なものをつくるためには、客観的視点を入れること！

成功の鉄則 12

精度を高めるために……、中立なプロフェッショナルを介在させる!

企業に合わせたブランディングを

鉄則11で触れた客観的視点と同様に重要なポイントが、プロフェッショナルの存在です。イズムを企業理念や企業フィロソフィーとして言語化するときや、ブランドストーリーを構築して社内外への浸透を図るとき、または、イズムから一貫した人事評価制度や人材育成制度をつくるとき、そのすべてにおいて経験豊かなプロフェッショナルが介在することで、その精度を飛躍的に高めることができます。

たとえば、イズムを明らかにするトップインタビューを考えても、プロが行うか否かで、掘り起こせるイズムの深さが変わってきます。どのような質問を投げかければ、経営者の想いを切り取れるかといったセンスは、何百社という企業ブランディングに成功したプロのプランニング経験によってしか培うことはできません。経営者と同じ視点で質問するには、会社経営やそれなりの責任あるポジションにおける経験も必要です。そもそも、社員が経営者に対して、遠慮なく質問や疑問をぶつけることも難しいでしょう。理念の浸透を図るために社員を集めてワークショップを行う場合も、話の展開を見ながら整理・進行するプロの存在が必要になります。

ブランディングは金太郎飴のようにつくれるものではありません。企業に合わせてつくり上げなければならないため、クオリティコントロールをするには、それなりのスキルが欠かせないのです。

ブランディングは専門スキルの塊

企業としてブランディングを実施しようとするとき、デザイン制作会社や広告代理店に依頼するケースが多いと思いますが、実は、それもあまりオススメできません。

デザイン制作会社は、デザインの専門家であって、企業成長に結びつくブランディングのノウハウを持っているわけではありません。ちょっと格好いいロゴやデザインはつくれても、イズムから理念、評価、育成など、すべて一貫したブランドストーリーの構築などできないでしょう。企業理念を社内へ浸透させたり、人事評価制度を連動させたりすることは、そもそもスキルを持っていないため難しいと思います。

広告代理店は、ブランディングの経験値もそれなりにあると思いますが、その事業の特性上、常に〝売る〟という広告志向を抱えています。そのため、商品を売るためのブランディングになる可能性があり、顧客企業の成長を実現するという原理原則からは大きくズレてしまうことも考えられます。

このように企業ブランディングは、専門性の高いスキルが求められる分野であるため、中立な立場から顧客企業の成長実現に徹することのできるプロフェッショナルが介在すべきだと考えます。

POINT

ブランディングの実施は、経験豊富なプロを介在させる！

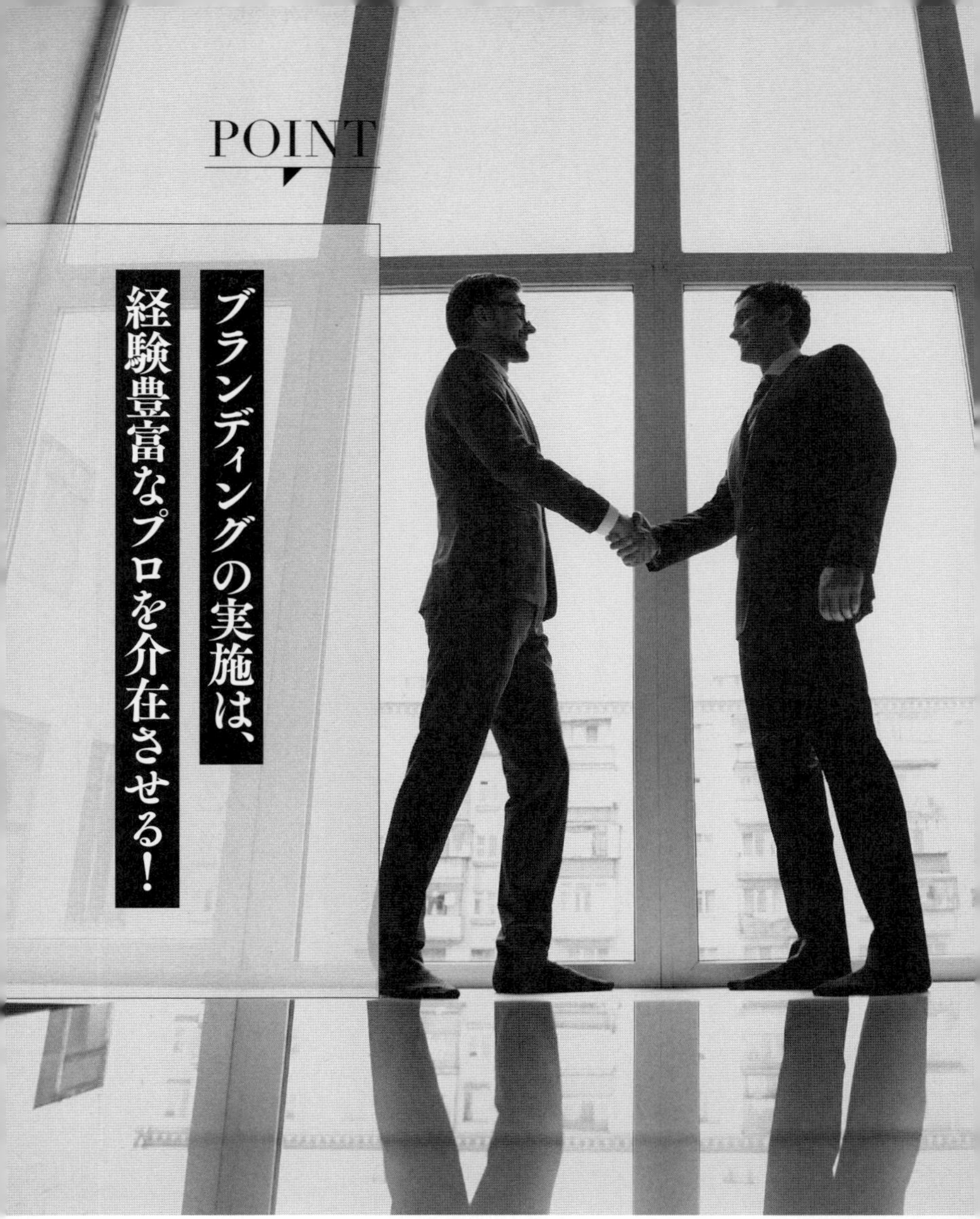

成功の鉄則12
精度を高めるために……、中立なプロフェッショナルを介在させる！

成功の鉄則 13

意識を変える、人を変える。どこまでも丁寧な「反復」を……

年単位でじっくり取り組む必要あり

経営者の中には、カルチャーブックや人事評価制度が完成した時点で、ブランディングは終わったと考える人がいます。それはとんでもない誤解です。人の考え方はそんな簡単に変わるはずがありません。ツールがそろったところからがスタートなのです。若手社員、中堅社員、マネージャークラスなど、階層別の研修や社内ワークショップを通じて、カルチャーブックや理念について話し合う機会を定期的に設ける必要があります。何度も繰り返し「ウチの理念は何だっけ？」と問いかけることで、少しずつ共感の輪を社内で広げていかなければなりません。定期的に理念浸透度調査を実施して、社員の共感度を確認することも大切です。不十分だとわかればテコ入れする必要があるかもしれません。ブランディングは、仕組みやカタチを整えるだけで完成するものではありません。1年、2年と時間をかけてじっくり取り組むものなのです。意識を変えながら、人を変える気の長い作業がブランディングなのです。

浸透施策も一つではない

世界最大級のヘルスケア・カンパニーであり、74期連続の増収増益を達成したこともあるジョンソン・エンド・ジョンソンは、「クレドー・サーベイ」と呼ばれる社員の意識調査を定期的に実施しています。全世界のグループ会社社員らに同じ質問を投げかけ、企業理念である「我が信条(Our Credo)」の哲学に則った経営が実行されているかを尋ねるのです。全世界数十万人という社員全員に浸透度調査を実施するのは、大きなコストがかかっているはずです。しかし、同社は途中で投げ出そうとはしません。この飽くなき継続によって、企業理念の浸透と会社経営の健全性を保つことに成功しているのです。

また、グループ会社でありながら、各社がそれぞれ独立して理念や人事制度をつくっていた企業では、グループ全体としての理念をつくり、それに基づいてグループ各社共通の人事評価制度、人事ポリシー、等級設計を構築。グループ全体のシナジーを創出できる体制を整えました。

ユニクロは、海外へ進出した当初、現場と経営の意思疎通がうまくいかず、売り場づくりやサービス提供に一貫性を保つことができませんでした。そこで、ブランド・シンボルであるロゴを変更して本気度を示すとともに、ブランドのコンセプトとそこに込められたストーリーを学び、どんな働き方や姿勢が求められているのかを理解する研修を通じて、理念にそった人材育成を徹底しました。ブランドコンセプトに合わせた目標設定やその実践行動を評価に取り入れることで現場スタッフの意識を高めることに注力した結果が、現在の世界展開へとつながっています。

ブランディングは、一つの正解があるわけではなく、一朝一夕にできるわけでもありません。達成には地道な反復が何よりも大切なのです。

POINT

時間をかけて取り組む。地道な反復で結果を出す！

「やり切る覚悟」。成功するためには継続性こそが大切

社内には抵抗勢力がいるもの

世の中には、達成するまでに時間も手間も必要だけれど、途中でやめてしまうと、あっという間に元へ戻ってしまうことがたくさんあります。トレーニングやダイエットがそうですし、プロのピアニストも「1日練習を休むと自分にわかり、2日休むと批評家にわかり、3日休むと聴衆にわかる」などといわれます。ブランディングもまさにそうです。最後までやり切らなければ、何の効果も発揮しません。

しかし、新たにブランディングをはじめようとすると、社内から必ずといっていいほど、「本当に効果があるのか?」「コストをかける価値があるのか?」という声が上がってきます。ブランディングがはじまって

からも「いつ成果が出るんだ？」「やはり、何も変わらないじゃないか」と横やりが入ります。このような社内圧力に負けずに最後までやり通すには、トップにそれだけの覚悟が必要です。結果が出るまでには相応の時間がかかること、最低でも年間、人一人を雇うほどの投資がいることを理解したうえで、途中でやめないと腹をくくらなければなりません。

手間暇かけるだけの価値がある

ブランディングに成功した企業として紹介しているオタフクソースでは、お好み焼課のほかにお好み焼きの文化や歴史を知り、体験もできる施設「Ｗｏｏｄ Ｅｇｇお好み焼館」をつくったり、新入社員研修でキャベツ農場研修や実店舗研修、工場研修などを行い、関係者とのつながりを体感する機会を設けたりしています。社員全員がお好み焼きをつくれるようにと、社内資格「お好み焼士」までつくりました。ここまで徹底して理念を浸透させる覚悟を持てたからこそ、ステークホルダーへの感

成功の鉄則14
「**やり切る覚悟**」。成功するためには継続性こそが大切

謝の気持ちが広く社員の中に根づいているのだと思います。

ブランディングは、子育てのようなものだと考えてください。子育ては赤ちゃんが生まれたところからスタートします。幼稚園や保育園に入るようになると、子供は他者とのつき合い方を学びはじめます。小学生になれば、年上の人たちとの交流もグッと増えていき、中学生くらいからは受験に備えて塾に通うようになるかもしれません。年を重ねるうちに、子供はどんどん成長しながら変わっていき、親は子供の成長を日々確認しながら接し方や教え方を変えていきます。でも、「健康であってほしい」「素直な子であってほしい」など、生まれた頃から望んでいた想いは増えることはあっても、あまり変わることはありません。また、少なくとも成人する20歳までは途中で投げ出すわけにもいきません。

ブランディングも一緒です。手間もコストもかかりますが、手をかけながら丁寧にやり続けることで、必ず効果を実感する日がきます。しかし、途中で投げ出したり、逃げたりしてしまうと、それまでの努力が水の泡になるだけでなく、やってきたことが嘘、偽りになってしまいます。

POINT

途中で投げ出さず、投資する覚悟を決める！

成功の鉄則 15

企業の永続を望むなら、今すぐ取り組みをはじめるべし！

やらない理由を探すのは誰にでもできる

ある病院のナンバー3と話していたときのこと、ブランディングを行うことで理念に共感する人材が採用できるようになると話すと「そんな余裕はない」と言われました。「今は医者が不足していて、理念に共感する人を選んで採用している状況ではない。とにかく医者にきてほしいのが本音であって、君の話すことはわかるけれど、実施は難しい」と。

ここまでで20分が経過していました。私は、この20分こそがもったいないと考えました。理念に共感する人材を求めることをあきらめるのではなく、彼らがこの20分を、ブランディングするためにどうすればいいのか考える時間に使うほうが建設的だと思うのです。世の中、新しいことをやらない理由など、星の数ほどあります。それまで社内において実績のないことをはじめようというのですから、なおさらです。しかし、多くの企業が本気でブランディングに取り組んでいない今だからこそ、やる価値があるのです。ブランディングとは目に見えない付加価値を提供することで、他社と差別化し、お客様をはじめステークホルダーに選んでもらうための方法です。そのため、どこの会社もブランディングをするようになれば、ブランド力だけで勝つことはできなくなってしまいます。低価格競争が限界に近づき、どこの会社もこれ以上は下げられなくなったら、価格による差別化ができなくなるのと同じです。

持続的成長には欠かせない重要戦略

国内よりもさらに認知度が低く、ビジネスが進展するスピードの速いグローバルでは、ブランドの魅力を語れるブランドストーリーなくして勝負することが難しくなっています。ワインの本場であるヨーロッパに

成功の鉄則15
企業の永続を望むなら、今すぐ取り組みをはじめるべし！

日本産のワインを売ろうと思ったとき、製品の背景にある生産者のこだわりなどを伝え、付加価値を感じてもらえなければ、安くておいしい地元産から切り替えようとは思ってもらえません。

製品だけでなく企業も同じです。欧米では日本以上にCSRに対する意識が高く、海外進出などをするとNGOやNPOから指摘を受け、ビジネスが思うように前へ進まなかったりします。「あなたの会社は社会的責任についてどう思っているのか」ということを明確に問いかけられるわけです。この問いに、海外へ出ていく全社員が答えられなければ、なかなか信用してもらえません。また、CSRは企業理念に連動しているものですから、理念についての理解度も試されることになります。

こういったネガティブな側面だけでなく、理念が浸透しているからこそ、社員がイキイキと働く、新しいことへも挑戦する前向きさが育まれます。社員のベクトルがそろっている分、力強い推進力も生まれ、変化に対する柔軟性も高まります。持続的成長を実現しようとするのであれば、ブランディングは無視することのできない重要戦略なのです。

POINT

やらない理由ではなく、今すぐ実行するという決断を！

おわりに

本書をお読みいただいたあなたには、お客様や取引先の「共感」を呼び寄せる、企業としての「想い」を伝えていく、それによって企業存続の力とする、そして、それらを可能とする「ブランドストーリー」を構築する重要性が十二分にご理解いただけたことだと思います。

会社を永続させていくには、常に若いファンを獲得し続けなければなりません。それができなければ、年々、ファンも高齢化していき、先細りするだけだからです。しかし、若い人の共感を得るには、世代間を橋渡しする人材が社内にどうしても必要になります。だからこそ、採用には徹底的にこだわり、力を注ぐべきだと考えます。

これは、弊社・株式会社イマジナも同じです。私たちがお客様に高い付加価値を提供し続けるには、常に新しい血を社内に取り込み、世代間で生まれる感性の溝を埋めていく力を蓄えておかなければなりません。従って、私たちは自社の採用にも本気で取り組んでいます。

イマジナはブランドの価値を見出す企業です。どんな企業にも、唯一無二の価値があり、その宝物のような価値を引き出して、ブランドとして世の中に広げていくためのコンサルティングを社業としています。今回、紹介したブランドストーリーは、そのための有効な手段の一つです。

コンサルティングというものは、目に見えない仕事です。しかし、目に見えないからこそ、定量的な裏付けが必要です。お客様やユーザー視点からマーケットの状況を徹底的に分析して、他社との差別化を図れるポジショニングを見出し、成功する可能性を高める努力が欠かせません。

ただ、努力だけではどうしても越えられない壁があります。そこを突破するための武器が経験値です。特に、正解といえる道筋が決まっていないブランディングでは、過去にどれだけの成功事例を経験し、そこから得た知見を分析・整理して、他のプロジェクトに応用できる引き出しを自分の中に持っているかで勝敗がわかれるといっても過言ではありません。その点、イマジナには自信があります。ちょっと自慢になりますが、これまでに2600社以上の実績を持ち、顧客の95%以上が増収・増益を継続しているという結果があります。

正直、弊社は忙しいです。お客様から依頼のお電話をいただいたとき、「そんなに忙しいのでは、ウチのための時間は取れないね」と言われることもあります。でも、私はそうでなければいけないと思っています。暇な会社はダメだ、と。仕事がない、時間がある……ということは、実は人気がないということです。本当に実力がないのか、実力があることを伝える力がないのかはわかりませんが、いずれにしても「それって、どうなの……」と思ってしまうのです。

それに、忙しいということは、それだけインプットの機会が多いといえます。新しい発想を生み出すタネも自然と増えていきます。ブランディングにおいては、経験値によるアドバンテージが大きくモノをいいます。そのため、忙しさ、言い換えれば、多くのお客様に声をかけていただけるという事実は、優位性の表れだと思うのです。

また、忙しくできているのは、私たちが一つひとつのプロジェクトに勝負をかけているからです。妥協や中途半端はあり得ません。そんな悠長なことができるほど会社に余裕もありません(笑)。

でも、必要に迫られてやっているわけでもないのです。本気で、あきらめることなく、徹底的に考え抜くことが、どれほどの価値を生み出すのかを知っています。考え抜くからこそ、突き抜けられること、その先でしか味わえない喜びがあることを、実体験として感じているから率先してやっているだけなのです。

ここまで聞いて、ムズムズするものを感じたなら、イマジナの門を叩いてみませんか。もし、あなたが「ウチの会社も生き残るためにブランディングしましょう！」と社長に直談判して、あえなく散ったのなら、イマジナで他の会社のブランディングに挑みましょう！　この会社が持つ素敵な魅力を世の中に広く伝えたい、あの会社の価値を根幹から変えていきたい。そう思う強い気持ちが、きっと、ここから先のあなたの人生を、とてつもなくおもしろくしてくれるはずです。

最後となりましたが、本書の出版にあたりご尽力いただいた構成の八色祐次さん、プレジデント社の金久保 徹さんに心より感謝申し上げます。

２０１８年10月29日

株式会社イマジナ　代表取締役社長

関野吉記

Profile…… 関野吉記

株式会社イマジナ代表取締役社長。London International School of Acting卒業。卒業後はイマジネコミュニカツオネに入社し、サムソナイトなど多くのコマーシャル、映画製作を手がける。その後、投資部門出向、アジア統括マネージャーなどを歴任。経営において企業ブランディングの必要性を痛感し、株式会社イマジナを設立。アウター・インナーを結びつけたブランドコンサルティングですでに2600社以上の実績を挙げている。最近では活躍の場を地方自治体や伝統工芸にまで広げ、ジャパンブランドのグローバルブランド化を推し進めている。

イマジナに少しでも興味を持った方は下記よりお問い合せください。
https://www.imajina.com/

ブランドSTORY

2018年10月29日　第1刷発行
2019年10月７日　第2刷発行

著　者　関野吉記
発行者　長坂嘉昭
発行所　株式会社プレジデント社
〒102-8641
東京都千代田区平河町2-16-1 平河町森タワー13階
https://www.president.co.jp/
https://presidentstore.jp/
電話　編集03-3237-3733
販売 03-3237-3731

販　売　桂木栄一、高橋 徹、川井田美景、森田 巌、末吉秀樹

構　成　八色祐次
装　丁　鈴木美里
組　版　清水絵理子
校　正　株式会社ヴェリタ
編　集　金久保 徹

印刷・製本　大日本印刷株式会社　海野祐一郎、和田晃洋

本書に掲載した画像は、
Shutterstock.comのライセンス許諾により使用しています。

ISBN　978-4-8334-5137-6
Printed in Japan